은혜의 찬송이야기

은혜의 찬송 이야기

삶으로 증명한 선진들의 고백

김남수·김동녘 지음

아가페

시와 찬미와 영적인 노래로 서로 이야기하며,
마음으로 주님께 노래하고 찬송하십시오.

_엡 5:19, 쉬운성경

머리글

우리는 무한히 높으신
하나님께 반역한 죄인입니다.
그러므로 우리는 영원히 처벌받아 마땅합니다.

하지만 하나님이신 예수님은
사랑으로 인류 역사에 들어오셔서
우리의 모든 죄를 지고 대신 죽으셨습니다.

예수님을 믿음으로
죄를 용서받은 우리는
완전하고 영원한 나라에서
하나님과 함께 사는 특권을 얻었습니다.

그러므로
세상이 아무리 큰 즐거움을 줄지라도
우리는 예수님 때문에 즐거워합니다.
세상이 아무리 큰 슬픔을 줄지라도
우리는 예수님 때문에 기뻐합니다.

바로 이 구원의 기쁨이
우리가 찬송하는 이유입니다.

우리가 부르는 찬송은
세상의 달콤한 유혹을 물리치고
주님께 흠뻑 빠졌던 선진들의 고백입니다.

어려움이 닥쳤을 때
고통과 절망으로 무너지지 않고
믿음을 지켜낸 선진들의 노래입니다.

도저히 찬송하지 못할 상황에서
영원히 지옥에 가야 할 우리 위해 오신
예수님을 기억할 때 터져 나온 감격입니다.

세상에서 뒹굴다 상처 난 마음이
찬송에 얽힌 사연들을 읽으며 회복되길 바랍니다.
일곱 번 넘어져도 다시 일어날 수 있는 것은
내가 아니라 나를 일으켜주시는 예수님 때문입니다.

이 책에 실린 이야기들을 다듬어준
예쁜 우림이와 은혜에게 고마움을 전합니다.

2014. 8
김남수, 김동녘

'새'는 『21세기 찬송가』(새찬송가), '통'은 『통일찬송가』를 의미합니다.

머리글

**하나님께 노래하며
그의 이름을 찬양하라!**

작사_ 헨리 반 다이크(Henry van Dyke, 1852-1933)
작곡_ 루드비히 반 베토벤(Ludwig van Beethoven, 1770-1827)

· · ·

1. 기뻐하며 경배하세 영광의 주 하나님
   주 앞에서 우리 마음 피어나는 꽃 같아
   죄와 슬픔 사라지고 의심 구름 걷히니
   변함없는 기쁨의 주 밝은 빛을 주시네.

2. 땅과 하늘 만물들이 주의 솜씨 빛내고
   별과 천사 노랫소리 끊임없이 드높아
   물과 숲과 산과 골짝 들판이나 바다나
   모든 만물 주의 사랑 기뻐 찬양하여라.

3. 우리 주는 사랑이요 복의 근원이시니
   삶이 기쁜 샘이 되어 바다처럼 넘치네.
   아버지의 사랑 안에 우리 모두 형제니
   서로 서로 사랑하게 도와주시옵소서.

4. 새벽별의 노래 따라 힘찬 찬송 부르니
   주의 사랑 줄이 되어 한 맘 되게 하시네.
   노래하며 행진하여 싸움에서 이기고
   승전가를 높이 불러 주께 영광 돌리세.

01 귀머거리 천재 작곡가

「케임브리지 음악 안내서」는 베토벤 교향곡 9번을 인류 역사
상 가장 위대한 음악으로 소개합니다. 이 곡은 베토벤의 생애 마
지막 교향곡으로서, 듣는 이의 심금을 울립니다. 특히 곡이 절정
으로 치달을 때 터져 나오는 합창은 온몸에 전율이 흐르게 합니

다. 그런데 정작 베토벤은 그 소리를 들어본 적이 없습니다. 맛을 느끼지 못하는 사람이 세상에서 제일 맛있는 음식을 요리한 셈이지요.

1824년 5월, 베토벤은 교향곡 9번을 처음으로 선보였습니다. 베토벤은 청력을 완전히 잃은 상태였지만 자기 곡을 직접 지휘하기로 했습니다. 12년 만에 귀머거리 천재 작곡가가 몸소 출연하는 무대이기에, 콘서트홀은 청중과 음악평론가들로 가득했습니다. 그 공연에는 사상 최대 규모의 오케스트라와 합창단이 동원되었습니다.

드디어 베토벤이 무대에 올랐습니다. 그가 지휘봉을 들어 올리자 모두 숨을 죽였습니다. 잠시 정적이 흐른 뒤 연주가 시작되었습니다. 청중은 베토벤의 카리스마에 사로잡힌 채 그의 세계로 빠져들어 갔습니다. 환상적인 음악이 흐르다가, 아직 2악장 '스케르초'만 끝났을 뿐인데 이례적으로 박수가 터져 나왔습니다. 물론 베토벤은 그 박수 소리를 듣지 못했지요.

4악장 '프레스토'에서 위풍당당한 합창 소리가 울려 퍼졌습니다. 이토록 아름답고 웅장한 소리를 처음 듣는 청중은 밀려오는 흥분을 감추지 못했습니다.

연주가 끝나자 객석에서 우레 같은 박수갈채가 쏟아졌습니다. 베토벤이 박수 소리를 못 듣고 객석을 등지고 있자 한 가수가 내려와 그의 몸을 청중 쪽으로 돌려주었습니다. 청중은 귀가 들리지 않는 베토벤이 눈으로라도 이 열기를 느낄 수 있도록 손수건을 던지고 손을 흔들며 열광했습니다.

베토벤은 교향곡 9번을 작곡하면서 합창 부분에 가장 잘 어울리는 가사를 찾고 있었습니다. 그 어떤 시보다 쉴러(Friedrich Schiller)의 〈환희의 송가〉(Ode to Joy)가 마음에 와 닿았던 베토벤은 쉴러의 시에 자신의 곡조를 붙였습니다.

> 세상 모든 존재여
> 자연의 품속에서 환희를 마시라.
> 선한 사람이나 악한 사람이나
> 장미꽃 가득한 오솔길을 걸으리라.

참 매력적인 가사입니다. 이 가사는 세상이 주는 환희를 마시라고 권합니다. 그리고 우리 모두 장미꽃 가득한 길을 걸으라고 외칩니다. 그런데 이 가사에는 문제가 있습니다. 세상이 주는 그 어떤 환희도 인류의 행복 욕구를 결코 완전히 채울 수 없다는 점입니다.

교향곡 9번의 화려한 발표회가 끝나고 3년이 흘렀을 때, 56세의 베토벤은 술을 너무 많이 마신 탓에 간이 심하게 손상되어 침상에 누워 지내는 신세가 되었습니다. 사람들에게 칭송받는 위대한 천재도 초라한 모습으로 죽음을 맞이해야 했습니다.

그로부터 80년이 흐른 후, 미국에서는 프린스턴대학의 영문학 교수이자 목사인 헨리 다이크(Henry Dyke)가 설교자로 초청 받아 윌리엄스대학을 잠시 방문했습니다. 윌리엄스대학은 버크셔 산맥이 멋들어지게 솟아있는 지역에 자리하고 있었습니다.

이른 아침, 다이크 교수는 산책을 나갔습니다. 아침 햇살 아래 시원한 바람을 맞으며 걸으니 기분이 정말 상쾌했습니다. 잠시 멈춰 서서 거대한 자연경관을 바라보던 그는 하나님을 향한 기쁨이 차오름을 느꼈습니다. 그는 인류 최대의 환희는 하나님만이 주실 수 있음을 깨달으며 참된 즐거움을 만끽했습니다. 그리고 노트를 꺼내 그 순간의 마음을 시로 적었습니다.

기뻐하며 경배하세 영광의 주 하나님
주 앞에서 우리 마음 피어나는 꽃 같아
죄와 슬픔 사라지고 의심 구름 걷히니
변함없는 기쁨의 주 밝은 빛을 주시네.

산책을 마친 다이크 교수는 아침 식사 자리에서 대학 총장에게 방금 지은 시를 선물하며 말했습니다. "베토벤의 합창 가사를 꼭 이것으로 바꾸어 부르세요." 그 후로 사람들은 베토벤의 합창에 붙여진 원래 가사 대신에 〈기뻐하며 경배하세〉를 붙여서 노래하게 되었습니다. 세상의 환희를 노래하던 베토벤의 합창이 다이크 교수의 영감으로 진정한 환희의 송가로 재탄생한 것입니다.

세상의 환희를 초월한 진짜 환희는, 세상이 주는 모든 기쁨을 합한 것보다 뛰어난 영원한 환희입니다. 기쁨의 근원이신 하나님은 우리를 끝없이 만족시키시고, 감격하게 하시며, 환희와 기쁨과 흥분과 평화와 삶의 목적을 주십니다.[1] 우리는 절대자 하나님을 통해서만 진정한 환희를 누릴 수 있습니다.

02 나가! 이 더러운 맨발아!

미국 시골 동네에 필립 블리스(Philip Bliss)라는 소년이 살았습니다. 필립의 집은 너무 가난해서 아직 어린 필립이 생활 전선에 뛰어들어야 했습니다. 필립은 채소 장사로 생활비를 벌었습니다.

어느 토요일 아침, 필립은 야채 바구니를 들고 맨발로 집을 나섰습니다. 마을을 향하여 터벅터벅 걸어가는데, 어디선가 마음을 사로잡는 음악 소리가 들려왔습니다. 꼬마는 자기도 모르게 담장 너머 신비로운 소리가 흘러나오는 집 앞에 이르렀습니다. 집안에서 한 소녀가 피아노를 치고 있었습니다.

아름다운 소리에 홀린 필립은 소녀가 피아노 치는 모습을 넋 놓고 바라보았습니다. 잠시 후 피아노 소리가 멈추자 필립은 재빨리 외쳤습니다. "더 듣고 싶어요!" 깜짝 놀란 소녀는 그제야 모르는 아이가 집에 들어온 걸 알고 소리를 질렀습니다. "나가! 이 더러운 맨발아!" 그제야 제정신이 돌아온 필립은 허겁지겁 도망쳐 나왔습니다. 난생처음 아름다운 피아노 선율을 들은 그날부터 필립은 음악가의 꿈을 품었습니다.

11세가 되었을 때, 필립은 집을 나와 목재공장에 취직했습니다. 어렸을 때부터 시골에서 농사일을 하며 자란 덕에 어른 못지않게 힘든 일도 잘 해낼 수 있었습니다.

필립의 어머니는 어렸을 때부터 예수님에 대해 알려주었지만, 필립에게는 구원의 확신이 없었습니다. 그러다가 12세에 하나님을 인격적으로 만나 믿음을 결단하고 구원을 확신하게 되었습니다. 모든 것이 하나님의 주권적인 역사이자 신비한 은혜였습니다. 회심 이후 필립은 곧바로 자신이 그리스도인임을 공개적으로 알리고 체리플래츠침례교회에 나가기 시작했습니다.

그가 일하는 목재공장에는 사납고 포악한 사람들이 많았습니다. 아저씨들은 필립에게 온갖 나쁜 짓을 가르치려 했지만, 필립은 욕을 먹으면서도 죄의 유혹에 넘어가지 않았습니다. 필립이 유혹을 뿌리칠 수 있었던 것은 강한 의지력 때문만이 아니었습니다. 죄가 주는 전율, 순간적 만족, 흥분보다 훨씬 더 그를 즐겁게 하고 만족시키는 것이 있었습니다. 필립은 예수님과 깊이 사랑을 나누며 무엇과도 비교할 수 없는 진정한 기쁨을 누리고 있었던 것입다.

필립은 목재공장에서 받는 월급 9달러로는 학비를 충당할 수 없었습니다. 그러나 포기하지 않았고, 돈이 생기고 시간이 날 때마다 학교에 다녔습니다. 그러다 마침내 18세에 교사자격증을 얻어 뉴욕 하츠빌에 있는 학교의 선생이 되었습니다. 그러던 어느 날 필립은 성악교사 타우너(J. G. Towner)를 만나게 되었습니다. 타우너는 필립이 노래에 재능이 있는 것을 발견하고 성악을 배워보라고 권했습니다.

필립은 19세라는 늦은 나이에 음악공부를 시작한 터라 최선을 다했습니다. 가르치는 일과 음악공부를 함께하며 바쁘게 지내는 가운데, 필립은 미모의 여류시인 루시 영(Lucy Young)을 만나게 되었습니다. 그리고 곧 사랑에 빠져 결혼을 했습니다. 아내는 음악을 배우는 남편을 격려했습니다. 둘은 가끔씩 교회에서 듀엣으로 노래를 부르기도 했습니다.

몇 년이 지나자 필립은 음악을 가르칠 수 있을 정도의 실력을 갖추게 되었습니다. 그때부터 필립 부부는 미국 전역을 다니며 찬양 콘서트를 열고 음악을 가르쳤습니다. 그러던 어느 겨울날, 세계적인 복음전도자 무디(D. L. Moody)가 시카고에 와서 사역을 도와달라고 청했습니다.

눈보라가 치는 12월, 부부는 한 살과 네 살짜리 두 아들을 잠시 어머니에게 맡겨두고 시카고 행 열차에 올랐습니다. 159명의 승객을 태운 열차는 설렘을 안고 힘차게 출발했습니다. 한참을 운

행하던 기차는 오하이오 애쉬터뷸라(Ashtabula) 역에 잠시 정차할 예정이었습니다. 이제 강다리만 건너면 애쉬터뷸라 역이었습니다. 열차는 저녁 7시 30분쯤 강을 건너지른 철교 위를 지나고 있었습니다. 그런데 갑자기 다리가 세게 흔들리더니 한순간에 무너져내리고 말았습니다.

기차는 추락해 곧바로 얼어붙은 강 속으로 곤두박질쳤습니다. 대부분의 승객이 그 자리에서 사망했으나, 필립 부부는 가까스로 살아 있었습니다. 필립은 우선 기차 밖으로 나와 탈출할 길을 찾아놓고, 아내를 데리러 다시 기차 안으로 들어갔습니다. 그러나 아내는 철제부품에 깔려 꼼짝도 못하는 상황이었습니다. 필립이 아내를 살리기 위해 안간힘을 쓰는 사이 기차 엔진이 폭발했고, 부부는 그 자리에서 사망했습니다. 승객 92명의 목숨을 앗아간 이 사고는 '애쉬터뷸라 철도참사'로 알려져 있습니다.

필립은 그 열차에 오르기 2년 전, 출판사 사장에게서 찬송가를 지어달라는 부탁을 받았습니다. 필립은 성경책을 펼쳤습니다. "주님, 주님께 영생의 말씀이 있는데 우리가 누구에게 가겠습니까?"(요 6:68, 쉬운성경). 이 말씀을 깊이 묵상하던 필립에게 영생의 말씀이 귀하고 귀하게 다가왔습니다. 그는 순식간에 찬송가 〈달고 오묘한 그 말씀〉을 작사 작곡했습니다. 필립은 예기치 않은 사고로 젊은 나이에 세상을 떠났지만, 그가 깨달은 생명의 말씀은 아름다운 노래가 되어 지금까지도 불리고 있습니다.

03 부부의 콜라보레이션

서울 거리는 북한군이 침공해 왔다는 외침으로 요란했습니다. 잠시 후 군용차가 거리를 질주하고, "장병들은 누구를 막론하고 부대로 복귀하라!"는 방송이 흘러나왔습니다. 시민들은 동요하기 시작했고, 필요한 물건만 재빨리 챙겨 서울을 탈출했습니다.

전쟁이 터진 지 3일 후, 북한군은 서울을 점령하기 시작했습니다. 남한 정부는 북한군이 한강을 넘어 공격해 올 것을 우려해 6월 28일 새벽 2시 30분, 예고도 없이 한강에 단 하나뿐인 다리 한강대교를 폭파해 버렸습니다. 강을 건너려던 시민들은 꼼짝도 못하고 서울에 갇혔습니다.

강을 건너지 못한 채 발만 동동 구르던 시민 중에는 장수철과 최봉춘이라는 젊은 부부가 있었습니다. 사람들이 신세를 한탄하며 두려워할 때, 아내 최봉춘은 전혀 겁먹지 않았습니다. 예수님을 믿는 자의 미래는 결국 영원한 행복으로 이어질 것을 알았기 때문입니다. 그녀는 머릿속에 시편 23편을 떠올렸습니다.

> 여호와는 나의 목자시니 내게 부족함이 없습니다. 그가 나를 푸른 풀밭에서 쉬게 하십니다. 여호와는 나를 잔잔한 물가로 이끌어 쉬게 하시며 나에게 새 힘을 주십니다. 자신의 이름을 위하여, 주님은 나를 의로운 길로 인도하십니다. 내가 음산한 죽음의 골짜기를 지나가게 된다 하더라도, 나는 겁나지 않습니다. 그것은 주님께서 나와 함께 계시기 때문입니다. 주님의 막대기와 지팡이가 나를 든든하게 보호해 줍니다(시 23:1-4, 쉬운성경).

최봉춘이 시편 23편 말씀에 집중하고 있을 때, 저 멀리서 작은 배 하나가 나타났습니다. 부부는 그 배를 타고 기적처럼 피난길에 오를 수 있었습니다.

전쟁이 끝나고 남편 장수철은 아내와 자녀들을 한국에 남겨둔 채 홀로 미국 유학길에 올랐습니다. 그는 시카고에 있는 무디성경학교에서 음악을 공부했습니다. 사정이 여의치 않았기에 온갖 궂은일을 하며 유학생활을 이어갔습니다. 그러던 어느 날, 한국에 있는 아내에게서 편지 한 통이 날아왔습니다.

그는 설레는 마음으로 편지봉투를 뜯었습니다. 아내의 편지를 읽어 내려가던 장수철은 너무 큰 충격을 받아 정신을 잃을 뻔했습니다. 12세의 큰딸 혜경이가 폐렴으로 사망했다는 소식이었습니다. 장수철은 죽음과 사투를 벌이고 있던 딸과 함께 있어주지 못했다는 사실에 몹시 고통스러웠습니다.

계속 읽어보니 편지 끝에는 아내가 지은 위로의 시가 적혀 있었습니다. 시는 장수철에게 크나큰 위로가 되었습니다. 장수철은 고통의 순간도 하나님께서 선을 이루기 위해 사용하신다는 확신을 가졌습니다. 작곡을 배우던 장수철은 아내의 예쁜 시에 어울리도록 귀여운 멜로디를 붙였습니다. 그렇게 부부가 함께 만든 찬송가가 〈주는 나를 기르시는 목자〉입니다.

주는 나를 기르시는 목자요
나는 주님의 귀한 어린양.
푸른 풀밭 맑은 시냇물가로
나를 늘 인도하여 주신다.
주는 나의 좋은 목자
나는 그의 어린양.
철을 따라 꼴을 먹여 주시니
내게 부족함 전혀 없어라.

인간의 욕심은 끝이 없어서 아무리 가져도 만족하지 못합니다. 바로 이러한 욕심이 결혼생활과 직장생활, 그리고 삶 전체를 망치며 우리를 고통스럽게 합니다. 그래서 불교는 욕심을 버리라고 가르칩니다. 그러나 이 가르침에는 모순이 있습니다. 욕심을 버리려는 인간의 혹독한 노력도 영원한 행복을 갈망하는 또 하나의 거대한 욕심에 지나지 않기 때문입니다.

성경 어디에도, 하나님이 행복을 추구하는 인간의 모습을 정죄하셨다는 기록을 찾아볼 수 없습니다. 성경은, 우리가 하나님이 아닌 다른 것에서 행복을 찾는 것이 문제라고 말합니다(렘 2:13). 더불어 시편 기자는 오직 주님에게서만 기쁨을 찾으라고 명령합니다(시 37:4). 또 바울은 그리스도를 얻기 위해서라면 모든 것을 잃어도 아깝지 않다고 말합니다(빌 3:8). 히브리서 저자는, 예수님을 따라 우리 앞에 있는 기쁨을 내다보면서 고난을 참으라고 간곡히 타이릅니다(히 12:1-2). 성경은, 기쁨의 근원이 되시는 하나님으로 우리의 행복 욕구를 마음껏 채우라고 가르칩니다.[2]

장수철 부부는 갑작스럽게 딸을 잃은 상황에서도 하나님 한 분만으로 만족하며 선한 목자이신 주님을 찬양했습니다. 유학을 마치고 돌아온 장수철 박사는 고아로 구성된 '선명회 어린이 합창단'의 지휘자로서 세계 투어 공연을 이끌었습니다.

그러나 장수철 박사는 1963년 순회공연에서 돌아온 후 같은 해 청와대 공연을 마지막으로 다시 무대에 서지 못했습니다. 몇 년간 쌓여온 피로에 당뇨와 간경화까지 겹친 것입니다. 장수철은 생애 말년을 고아들의 아버지가 되어 살다가, 49세에 하늘나라로 갔습니다.

04 겨우 그거야?

1979년 폴 카일(Paul Kyle)은 아일랜드에서 의사면허를 취득했습니다. 당시 25세였던 카일은 열정을 다해 환자들을 치료했습니다. 그는 매일 몸이 아픈 사람들을 돌보며 그들에게 예수님을 소개했습니다. 카일은 아무리 훌륭한 의술도 죽음 앞에서는 무기력하다는 사실을 언제나 잊지 않았습니다. 그는 인간이 가장 두려워하는 죽음의 문제를 근본적으로 해결할 수 있는 분은 예수님밖에 없다는 사실을 잘 알고 있었습니다.

카일은 의사로 일하면서 큰 보람을 느꼈습니다. 그런데 하나님은 카일의 관심을 자꾸 다른 곳으로 돌리셨습니다. 결국 카일은 6개월 동안 병원 일에서 손을 떼기로 했습니다. 그렇게 1년 또 1년 … 계속 쉬다가 끝내 20년이 지나도록 의사로 복직하지 않았습니다.

그 대신 하나님의 부르심에 따라 '커뮤니티 오브 더 킹'(Community of the King)이라는 기독교 모임을 섬겼습니다. 카일은 그 모임에서 청년들에게 예수님을 전하는 일을 맡았습니다. '의사면 허를 소지한 기독교 사역자'라는 특이한 이력을 가진 카일은 젊은 친구들의 관심을 끌었습니다.

청년들은, 기독교인이라면 욕망을 억누르고, 딱딱하고 엄숙한 표정을 지은 채 금욕적이고 고리타분한 삶을 살아야 한다고 생각했습니다. 젊은 친구들에게 기독교란 거짓말에 세뇌된 순진한 노인들만 좋아하는 종교로 비쳐졌던 것입니다. 청년들은 기독교의 지루함보다, 마약과 문란한 성생활과 자아도취적 생활방식이 주는 즐거움이 더 좋았습니다.

카일은 이런 청년들을 향해 외쳤습니다. "겨우 그거야? 겨우 섹스, 마약, 쇼핑 같은 걸로 만족하는 거야? 쾌락치고는 너무 약한데! 너희는 지금 훨씬 더 흥분되고 재미있는 걸 놓치고 있어!" 카일은 세상 즐거움이 최고라고 착각하는 청년들에게, 기독교란 행복해지고 싶은 인간의 욕구를 억누르는 종교가 아니라고 가르쳐주었습니다. 오히려 기독교는 하나님의 절대적인 아름다움, 그리스도가 주는 참된 평안, 성령님과의 친밀한 관계가 주는 기쁨으로 인간의 행복 욕구를 마음껏 채워준다고 알려주었습니다.

하루는 청년들이 카일의 집 거실에 둘러앉아 카일의 설교를 듣고 있었습니다. 그날따라 청년들은 뭔가에 짓눌린 듯 얼굴빛이 어두웠습니다. 그것을 본 카일은 갑자기 기타를 치며 찬양하기 시작했습니다. 청년들은 처음엔 어리둥절했지만, 곧 카일을 따라 찬양을 불렀습니다.

청년들이 하나 둘씩 입을 열어 찬양하기 시작할 때, 카일의 눈앞에 이상한 광경이 펼쳐졌습니다. 청년들의 입에서 뭔지 모를 기묘한 물체들이 튀어나오고 있었던 것입니다. 그리고 그 물체들은 퍼즐이 맞추어지는 것처럼 점점 결합되더니, 하나님의 보좌로 보이는 형체가 되었습니다. 이런 환상을 본 카일은 '지금 보좌에 앉으신 예수님이 우리가 드리는 찬양의 제사에 응답하시는구나.' 하고 생각했습니다.

다음 날, 카일은 자신의 환상이 진짜 하나님이 보여주신 것인지 확인해야겠다는 마음이 들었습니다. 그는 하나님의 말씀인 성경과 어제 본 환상이 일치하는지 찾아보기 시작했습니다. 카일은, 하나님이 자기 백성의 찬송 가운데 거하신다는 시편 22편 3절 말씀이 자신의 환상과 일치한다는 것을 발견했습니다. 확신이 생긴 카일은 이것을 노래로 표현해야겠다고 마음먹었습니다. 곧바로 그는 기타를 치며 노래를 만들기 시작했습니다. 이 곡이 바로 〈예수 우리 왕이여〉입니다.

예수 우리 왕이여 이곳에 오셔서
우리가 왕께 드리는 영광을 받아주소서.
우리는 주님의 백성 주님은 우리 왕이라.

왕이신 예수님 오셔서 좌정하사 다스리소서.

예수 우리 주시여 이곳에 오셔서
우리가 주께 드리는 찬양을 받아주소서.
우리는 주님의 종들 주님은 우리 주시라.
주 되신 예수님 오셔서 이 찬양을 받아주소서.

며칠 후 카일은 이 찬송을 청년들에게 가르쳐주었습니다. 이 찬송은 얼마 지나지 않아 세계 곳곳으로 퍼졌습니다. 이 소식을 들은 카일은 고백했습니다. "이 노래는 제 노력의 결과가 아닙니다. 오직 성령님의 능력으로 작곡되어 순식간에 퍼져나간 것입니다. 이 노래는 왕이신 예수님께서 오셔서 좌정하사 다스리시라고 외칩니다. 아마 이 가사가 왕의 귀환을 애타게 기다리는 그리스도인들의 마음을 울렸을 것입니다."

1994년 아내 힐러리와 일곱 자녀를 데리고 아일랜드 벨파스트에서 미국 미네소타로 이주한 폴 카일은, 20년이 지난 지금도 여전히 미국에 살면서 노래와 성경이야기와 기도회로 그리스도인들을 섬기고 있습니다. 또 세계 곳곳을 다니며 예배를 이끌고 있습니다. 최근에 한국도 다섯 번이나 방문하여 세미나를 인도하기도 했습니다.

05 옛 제자의 편지

19세기만 해도 대다수 미국 사람은 음악을 잘 몰랐습니다. 그 시절에는 아주 부자들만 음악 레슨을 받을 수 있었기 때문입니다. 그런데 이것은 하나님을 찬양하기 원하는 교회에서는 정말 큰 문젯거리였습니다. 대부분의 교인이 악보를 볼 줄 모르니 찬양시간만 되면 예배당은 불협화음의 도가니가 되고 말았습니다. 교인들이 만들어내는 불협화음은 무엇보다 교회를 처음 방문하는 사람들을 불쾌하게 만들었습니다.

최고의 하나님께 최선의 찬양을 드리고 싶었지만, 성도들이 음악 레슨을 받을 수 없는 형편이었기에 어쩔 도리가 없었습니다. 이 문제를 어떡하면 좋을까 고민하던 미국 교회는 직접 음악교사를 양성해 성도들에게 노래를 가르치기로 했습니다.

앤서니 쇼월터(Anthony Showalter)는 그런 시대적 요구에 따라, 여러 교회를 다니며 노래와 악보 읽기를 가르치는 음악교사가 되었습니다. 앤서니는 14세 때부터 강사로 불려 다닐 정도로 음악에 남다른 재능이 있었습니다.

앤서니는 23세에 캐럴린과 결혼해 조지아에 정착했습니다. 1887년 어느 날, 그는 앨라배마의 한 교회에 강사로 초빙되었습니다. 열정을 다해 교인들에게 음악을 가르치다 보니 어느새 해가 저물어, 수업을 끝내고 책을 챙겨 집으로 돌아왔습니다.

집에 들어와 보니 편지 두 통이 와 있었습니다. 두 명의 제자가 보낸 편지였습니다. 우선 첫 번째 편지봉투를 뜯어 읽었습니다. 옛 제자의 아내가 갑작스럽게 세상을 떠났다는 내용이었습니다. 앤서니는 잠시 후 위로의 답장을 쓸 생각으로 첫 번째 편지를 옆으로 밀어놓았습니다. 그리고 이어서 두 번째 봉투를 뜯었습니다. 두 번째 편지를 읽던 그는 자기가 제정신인지 의심스러울 정도로 어리둥절했습니다. 두 번째 편지도 제자가 아내를 잃었다는 소식이었습니다. 상황을 정리하면, 두 명의 제자가 같은 날 각자의 아내를 잃은 것이었습니다. 그는 슬픔에 잠긴 두 제자에게 전할 위로의 말을 생각하다 이렇게 적었습니다. "영원하신 하나님이 네 처소가 되시니 그의 영원하신 팔이 네 아래에 있도다"(신 33:27).

짧게 성경 말씀만 적은 후, 그는 계속해서 무슨 내용을 써야 할지 고민했습니다. 그러던 중 하나님의 영원하신 팔이 우리를 안아주신다는 신명기의 구절이 하나의 노래처럼 다가왔습니다.[3] 앤서니는 아내를 잃고 슬퍼하는 제자들을 위로하기 위해 편지 대신 짧은 노랫말을 쓰기 시작했습니다.

> 안기세, 안기세,
> Leaning, leaning,
>
> 어떠한 위험에도 안전하고 평온하네.
> safe and secure from all alarms,
>
> 안기세, 안기세,
> Leaning, leaning,
>
> 영원하신 주님의 팔에 안기세.
> leaning on the everlasting arms.

제자들에게 답장을 써놓고 보니, 오히려 앤서니 자신이 노랫말에 감동되었습니다. 그래서 펜실베이니아에 있는 친구 엘리샤 호프만(Elisha Hoffman) 목사에게 제자들의 사연과 함께 노랫말을 보냈습니다. "신명기에서 영감받은 가사를 보냅니다. 좋은 후렴이 될 것 같기는 한데, 앞부분 가사가 떠오르지 않는군요." 찬송을 2천여 편이나 지은 베테랑 작가 호프만 목사는 친구의 편지를 받고, 앤서니가 보낸 짧은 노랫말을 3절까지 있는 찬송으로 완성했습니다.

주의 친절한 팔에 안기세,
우리 맘이 평안하리니.
항상 기쁘고 복이 되겠네,
영원하신 팔에 안기세.

주의 팔에 그 크신 팔에 안기세.
주의 팔에 영원하신 팔에 안기세.

멋들어지게 완성된 가사를 받은 앤서니는 바로 작곡에 들어갔습니다. 그리고 곧 가사와 음악이 절묘하게 어우러진 찬송가 〈주의 친절한 팔에 안기세〉가 탄생했습니다. 특히 미국 컨트리 음악풍의 느긋한 느낌을 살린 후렴구는 가사의 맛을 잘 살리고 있습니다. 미국의 흑인 크리스천들은 이 찬송을 오랫동안 사랑해 왔는데, 그들은 곡을 느리게 편곡하고 능숙한 애드리브를 섞어 부르곤 했습니다.

같은 날 같은 비극을 당한 두 제자를 위로하기 위해 쓴 이 노래는, 폭풍으로 요동치는 삶을 살아가는 우리에게 중요한 메시지를 던집니다. "우리에게는 언제나 안길 수 있는 하나님의 영원하신 팔이 있습니다."

06 하나님의 출석부

미국인 제임스 블랙(James Black)이 교회에서 주일학교 교사와 청년회장으로 섬기고 있던 때의 일입니다. 어느 날, 그는 골목길을 지나다가 다 해진 허름한 옷을 입은 소녀를 만났습니다. 소녀는 그 동네에서 유명한 알코올 중독자의 딸 베시(Bessie)였습니다. 안타까운 마음에 블랙은 소녀에게 예수님을 소개하며 교회에 오라고 초청했습니다. 베시는 블랙의 초청을 완강히 거절하지는 않았지만, 그렇다고 선뜻 교회에 가겠다고 나서지도 않았습니다. 블랙은 베시가 망설이는 이유를 금방 눈치챘습니다. 베시는 자신의 차림이 궁색해서 초청에 응하기를 꺼렸던 것입니다. 다음날 블랙은 베시에게 새 옷을 선물했습니다. 그 후로 베시는 한 번도 빠지지 않고 주일학교와 학생예배에 열심히 참석했습니다.[4]

그 교회는 모일 때마다 출석을 불렀습니다. 어느 저녁 예배 때였습니다. 블랙은 그날도 어김없이 출석 체크를 했는데 어찌 된 일인지 베시의 대답이 들리지 않았습니다. 그때 누군가가 일어서서, 지금 베시가 장티푸스에 걸려 생명이 위독하다고 알려주었습니다. 그 소식을 들은 블랙이 말했습니다. "저 하늘나라 생명책에 기록된 이름이 불릴 때는 베시가 꼭 있을 거라 믿어요."

그때 블랙은 문득 이런 걱정이 들었습니다. '혹시 생명책에 내 이름이 적혀 있지 않으면 어쩌지?' 그래서 그는 기도했습니다. "주님, 천국에서 꼭 우리의 이름이 불리고 우리가 대답할 수 있도록 해주세요!" 그러고는 이 간절한 기도를 모두가 함께 부를 수 있는 찬송으로 만들면 어떨지 생각했습니다.

집에 돌아온 블랙은 베시가 걱정되었습니다. 블랙의 아내는 남편의 근심어린 눈빛을 보고 무슨 일이 있느냐고 물었지만, 그는 말없이 피아노 앞에 앉았습니다. 그리고 그 자리에서 익숙한 찬송을 노래하듯, 단숨에 새로운 찬송을 지어 불렀습니다. "나팔 불 때 나의 이름 부를 때에 잔치 참여하겠네."

블랙은 그때의 심정을 이렇게 고백합니다. "갑자기 1절 가사가 떠올랐어요. 나머지 가사들도 금방 생각나 15분 만에 찬송을 완성했죠."[5] 이 찬송이 바로 〈하나님의 나팔 소리〉입니다.

하나님의 트럼펫 소리가 울릴 때
When the trumpet of the Lord shall sound,

더 이상 시간이 없을 때
and time shall be no more,

그리고 영원히 밝고 환한 아침이 밝아올 때
And the morning breaks, eternal, bright and fair;

이 땅의 구원받은 성도들이
When the saved of earth shall gather

저 편 강가에 모일 때
over on the other shore,

그리고 저 위에서 출석이 불릴 때
And the roll is called up yonder,

나 거기 있으리라. (찬송 원문)
I'll be there.

소녀 베시의 죽음은 순식간에 다가왔습니다. 베시는 주일학교를 빠진 지 얼마 지나지 않아 세상을 떠났습니다. 이제 블랙이 출석을 부르며 베시를 찾아도 대답을 들을 수 없었습니다.

사람들이 흔히 잊고 사는 두 가지 사실이 있습니다. '모두 죽는다' 그리고 '죽음 후에 반드시 심판이 있다'는 것입니다. 우리는 이 땅의 삶이 전부인 것처럼, 심판이 없을 것처럼 살아갑니다. 이 찬송은 우리가 잊고 있는 죽음과 심판의 진리를 되새기게 합니다.

〈하나님의 나팔 소리〉를 부를 때면 가슴이 두근거립니다. 당장 하늘 문이 열리고 예수님이 천군천사의 호위를 받으며 구름을 타고 오실 것만 같습니다. 그리고 믿음 안에서 죽은 사람들이 먼저 일어나고, 그 다음에 살아남은 자들이 먼저 일어난 자들과 함께 구름 속으로 이끌려 올라가, 공중에서 주님을 영접하는 광경이 펼쳐질 것만 같습니다(살전 4:16-17). 마지막 나팔이 울릴 때 우리가 홀연히 변화되는 모습이 눈앞에 그려집니다(고전 15:51-52).

찬송이라는 예술은 곡조와 가사를 결합해 하나님의 영광을 드러내는 도구입니다. 그래서 찬송을 부를 때는 가사를 이해하며 불러야 합니다. 그런데 가끔 음악에 빠져 정서적 안정만을 찾으려고 합니다. 가사가 무슨 뜻인지도 모른 채 그냥 습관적으로 흥얼거리거나 멋지게 부르는 데만 관심을 쏟습니다.

찬양할 때는 노랫말을 생각하며 찬양의 대상이 하나님이라는 사실을 기억해야 합니다. 하나님은 영과 마음으로 부르는 찬송을 찾으십니다(고전 14:15).

07 온화한 미소를 지은 사형수

찰스 웨슬리(Charles Wesley)는 '끊임없이' 하나님을 찬양한 사람입니다. 찰스 웨슬리가 평생 쓴 찬송시는 무려 6,500여 편에 달합니다. 하루도 쉬지 않고 18년 동안 한 편씩 써야 가능한 엄청난 양입니다.

찰스 웨슬리가 그리스도인이 된 지 두 달 되었을 때인 1738년 7월, 그는 친구 브레이와 함께 일주일 동안 날마다 뉴게이트 교도소를 방문했습니다. 그들은 그 안에서 강도, 살인, 강간 등 끔찍한 죄를 짓고 들어온 수감자들을 만났습니다. 그들 중 여러 명은 이미 사형 선고를 받은 상태였습니다.

사형 집행 바로 전날, 찰스 웨슬리는 사형수들과 마지막 밤을 보내러 교도소로 향했습니다. 한 사형수가 "왜 왔소?"라며 퉁명스럽게 물었습니다. "영원한 생명을 드리러 왔습니다." 웨슬리가 대답했습니다. "어쩌라고?" 사형수가 비웃으며 대꾸하자 그는 차분히 복음을 설명했습니다. "형제님, 지금도 늦지 않았습니다. 오늘 예수님을 믿고 영접하세요. 그러면 죽음 후에 예수님과 함께 낙원에 거할 것입니다."

날이 채 밝기도 전에 사형수들은 사형장으로 이송되었습니다. 찰스 웨슬리도 그들을 따라 사형장으로 향했습니다. 교수형 집행 시간이 점점 다가왔고, 마침내 사형수들이 교수대 위로 올랐습니다. 웨슬리가 밤새 수고한 열매는 정말 대단했습니다. 웨슬리는 당시 상황을 이렇게 묘사했습니다.[6]

"사형수들은 모두 기쁨에 찬 모습이었습니다. 그들의 얼굴에는 위로와 평안 그리고 승리의 기쁨이 가득 차 있었습니다. 사형수들은, 예수님이 그들을 위해 십자가에 달려 돌아가셨으며, 그들을 천국으로 인도하기 위해 기다리신다는 확신을 가졌습니다. 한 흑인 사형수는 내게 얼굴 표정으로 작별인사를 했습니다. 그와 눈이 마주칠 때마다 그는 침착하고 온화한 미소를 지어 보였습니다. 마침내 교수형이 집행되었습니다. 그러나 어느 누구도 살려고 발버둥치거나 고통스러워하지 않았습니다. 그들은 담담하게 죽음을 맞이했습니다. 나는 그들이 하나님나라에 갔음을 확신하며 평안한 마음으로 돌아왔습니다. 내가 교수대 밑에 있던 그 시간은 내 생애 가장 복된 시간이었습니다."

몇 년 후, 웨슬리는 사형수 형제들이 죽음을 맞이하던 모습을 문득 생각했습니다. 그 순간 웨슬리는 하나님의 은혜 없이는 아무것도 할 수 없음을 고백하며 무릎을 꿇었습니다. "주님, 우리는 모두 죽을 수밖에 없는 끔찍한 죄인들입니다. 영원히 지옥에 있어야 할 죄인들입니다. 우리는 모두 서로 미워한 살인자들입니다. 그러나 아무리 사형수일지라도 주님께 나아가면 받아주실 것을 믿습니다. 하나님의 은혜와 사랑이 우리의 모든 죄보다 크기 때문입니다." 이렇게 기도하고 웨슬리는 곧바로 찬송을 짓기 시작했습니다. 이 찬송이 바로 〈천부여 의지 없어서〉입니다.

아버지여, 내가 당신께 손을 뻗나이다.
Father, I stretch my hands to Thee,

나는 다른 도움은 모르나이다.
No other help I know;

만약 당신이 제게서 멀어지시면
If Thou withdraw Thyself from me,

아! 나는 어디로 가야 하오리까?
Ah! whither shall I go?

나는 믿습니다, 나는 믿습니다.
I do believe, I do believe.

예수님이 날 위해 돌아가신 것과
That Jesus died for me;

주의 보혈, 주의 귀한 보혈로서
And through His blood, His precious blood,

내가 죄에서 자유를 얻는 것을. (찬송 원문)
I shall from sin be free.

우리가 의지할 분은 오직 주님뿐입니다. 영원히 죽을 죄인을 구원해 주신 주님의 사랑은 헤아릴 수 없습니다. 죄에서 벗어날 능력은 오직 주님에게서 옵니다. 하나님의 은혜가 우리 인류의 모든 죄보다 크기 때문입니다. 우리는 언제나 "내 죄를 씻기 위하여 피 흘려주시니 곧 회개하는 맘으로 주 앞에 옵니다"라고 부르짖으며 주님을 의지할 수밖에 없습니다.

이 찬송의 멜로디는 스코틀랜드의 구전 민요인 〈올드 랭 사인〉(AULD LANG SYNE)에서 가져왔습니다. '올드 랭 사인'은 옛 스코틀랜드 말로 '… 이래로 오래 되었습니다'(Old Long Since)라는 뜻입니다.

지구촌 곳곳에서 사람들은 묵은해를 보낼 때나 작별할 때 이 노래를 부릅니다. 그리고 "오랫동안 사귀었던 정든 내 친구여, 작별이란 웬 말인가 가야만 하는가"라는 가사를 붙여 졸업식 노래로 부르기도 합니다. 그러나 이 멜로디에 붙은 수많은 가사 가운데 가장 위대한 작품은 주님만을 의지한다고 고백하는 〈천부여 의지 없어서〉입니다.

작사 _ 미상
작곡 _ 미상(W. Sandys' Christmas Carol 수록곡)

· · ·

1. 저 들 밖에 한밤중에 양 틈에 자던 목자들
   천사들이 전하여 준 주 나신 소식 들었네.
   (후렴) 노엘 노엘 노엘 노엘 이스라엘 왕이 나셨네.

2. 저 동방에 별 하나가 이상한 빛을 비추어
   이 땅 위에 큰 영광이 나타날 징조 보였네.

3. 그 한 별이 베들레헴 향하여 바로 가더니
   아기 예수 누우신 집 그 위에 오자 멈췄네.

4. 저 동방의 박사들이 새 아기 보고 절하고
   그 보배합 다 열어서 세 가지 예물 드렸네.

08 정신병자인가 하나님이신가?

크리스마스(Christmas)는 '그리스도'(Christ)와 '미사'(mass)의 합성어로 '그리스도를 경배한다'는 뜻입니다. 크리스마스는 하나님이 미천한 우리에게 예수 그리스도를 구원의 선물로 주셨음을 감사하며 그분을 경배하는 날입니다.

"노엘, 노엘…" 크리스마스 시즌이 되면 어김없이 들려오는 노랫소리입니다. 교회는 물론이고 거리 곳곳에서 이 노래를 들을 수 있습니다. 단순한 가사에 부드러운 선율을 입힌 이 노래에는 묘한 매력이 있어 자꾸 흥얼거리게 됩니다. '노엘'(Noel)은 프랑스어로 '기쁨의 외침' 또는 '크리스마스'를 뜻합니다. 찬송가 〈저 들밖에 한밤중에〉에 나오는 '노엘'은 예수님의 태어나심을 기뻐하는 표현입니다.

이 곡은 유명한 크리스마스 캐럴이지만 누가 지었는지 알려지지 않았습니다. 단지 17세기에 지어졌다는 것만 알려져 있습니다. 나중에 영국인 변호사이자 골동품 수집가인 윌리엄 샌디스(William Sandys)가 이 찬송을 발견해 지금의 형태로 편곡했습니다. 그리고 캐럴 모음집에 실어 출간했는데, 얼마 지나지 않아 이 곡은 성탄절마다 세계인이 애창하는 찬송이 되었습니다. 이 찬송은 1절에서 4절까지 성탄 이야기를 차례대로 풀어나갑니다.

1절: 깊은 밤, 들판에서 목자들이 양들과 함께 자고 있었습니다.
갑자기 천사들이 와서 예수님의 탄생 소식을 전해 주었습니다.

2절: 동쪽에 별 하나가 이상한 빛을 비추었습니다.
이 땅에 큰 영광이 나타날 징조였습니다.

3절: 그 별은 동방박사들을 베들레헴으로 인도했습니다.
그리고 아기 예수가 누우신 집 위에서 멈추었습니다.

4절: 동방박사들은 아기 예수님을 보고 절했습니다.
그리고 보물 상자를 열어 세 가지 예물을 드렸습니다.

베들레헴에서 태어난 예수 그리스도가 누구인지를 아는 것보다 중요한 지식은 없습니다. 시애틀 마스힐교회의 마크 드리스콜 (Mark Driscall) 목사는 예수님을 이렇게 소개합니다.[7]

예수님은 약 2천 년 전 이스라엘의 외딴 시골 마을에서 태어나셨습니다. 예수님의 어머니는 자신이 성령으로 임신했다고 주장하여 비웃음을 받은 미혼의 가난한 십대 소녀였습니다. 그러나 요셉이라는 순박한 목수가 예수님의 아버지가 되어주었고, 예수님은 서른 살까지 아버지와 함께 목수 일을 하며 세상에 알려지지 않은 채 사셨습니다.

서른 살 즈음에 예수님은 공적인 활동을 시작하셨습니다. 예수님은 많은 이들에게 말씀을 전파하고, 아픈 이들을 치료하고, 굶주린 자들을 먹이시며 알코올 중독자와 강도 같은 사회부적응자들의 친구가 되어주셨습니다. 예수님은 겨우 3년의 사역을 하신 후에 하나님을 사칭했다는 죄목으로 사형당하셨습니다. 예수님은 십자가에 못 박혀 많은 사람들 앞에서 치욕스럽고 고통스럽게 죽으셨는데, 그렇게 처형당한 사람은 예수님 이전에도 이후에도 무수히 많았습니다.

첫눈에 보아도 예수님의 이력은 보잘것없습니다. 예수님은 정치를 하신 적도, 결혼을 하신 적도, 높은 학위를 취득하신 적도, 대도시를 방문하신 적도 없습니다. 예수님은 그저 가난한 떠돌이 노숙자처럼 살다가 돌아가셨습니다.

그럼에도 예수님은 인간 역사를 통틀어 가장 유명합니다. 역사상 가장 많은 음악과 그림과 책이 예수님을 소재로 만들어졌고, 그분께 바쳐졌습니다. 역사는 예수님 출생 이전과 이후로 나뉘어 각각 기원 전(BC, before Christ)과 기원 후(AD, anno domini)로 표기됩니다. 어떤 군대도, 어떤 나라도, 어떤 사람도 노숙자 예수님만큼 인류 역사를 바꾸지는 못했습니다. 예수님은 세상 땅을 밟으신 후, 약 2천 년 동안 변함없이 인류의 엄청난 관심을 받고 계십니다.

그렇다면 이 유명한 예수님은 대체 어떤 분입니까? 많은 의견이 있으나, 이 질문은 예수님에게 직접 물어보는 것이 가장 타당하다고 생각합니다. 예수님은 자신이 인류를 구원하기 위해 온 유일한 하나님이라고 단호하게 말씀하셨습니다(막 10:17-18; 눅 7:48; 요 5:18; 6:38; 8:46; 10:30-39; 14:6).

자신이 하나님이라는 예수님의 주장이 거짓이라면, 예수님은 자기가 하나님이라는 허황된 거짓말을 끝까지 철회하지 않아 사형당한 정신병자가 되는 것입니다. 그러나 진실이라면 예수님은 우리의 구원자 하나님이며, 영원히 경배받아 마땅한 유일한 하나님이십니다.

예수님은 자신이 말씀하신 대로 하나님이든지 거짓말을 떠벌리던 정신병자든지 둘 중 하나입니다. 그분이 우리에게 묻습니다. "너희는 나를 누구라 하느냐"(마 16:15).[8]

09 동화 속 왕자님처럼

미국 LA 근교의 한 병원에 비쩍 마른 동양인이 들어왔습니다. 그는 캘리포니아대학에서 음악을 가르치던 정두영 교수였습니다. 폐결핵 진단을 받고 왼쪽 폐의 윗부분을 잘라내는 대수술을 받으러 병원을 찾은 것입니다.

정두영 교수가 입원한 지 2주쯤 지났을 때였습니다. 잠에서 깨어난 그가 이상행동을 보이기 시작했습니다. 잔디밭에 엎드려 달팽이를 몇 시간씩이나 들여다보기도 하고, 나무에 박힌 대못을 한나절씩 골똘히 바라보기도 했습니다. 더 이상한 것은 교회와는 상관없이 살던 그가 별안간 성경을 읽지 않고는 견딜 수 없게 되었다는 것입니다.

그는 온 병원을 뒤져 성경 한 권을 찾아냈습니다. 읽다 보니 천사, 권위, 둘, 위선자, 달팽이, 열… 이런 단어들이 머릿속에 맴돌며 그를 괴롭히기 시작했습니다.

이대로 가다가는 미쳐버릴 것 같다는 생각에, 그는 머리맡에 두고 휴지통으로 쓰던 누런 봉투를 뜯어 그 단어들을 적어나갔습니다. 혼자서 정신분석을 해볼 심산이었습니다. 이틀 밤낮, 단어 하나하나를 붙들고 실랑이를 했습니다. 그는 잠재의식 속에 응어리진 문제에 부딪힐 때마다 통곡하며 뒹굴었습니다. 그리고 통곡할 때마다 마음이 시원해지는 것을 느꼈습니다.

그런데 마지막 단어 'green'이 풀리지 않았습니다. 아침을 먹으려는데 온 병동의 푸른색들이 번뜩이는 환상까지 보였습니다. 그는 미친 듯이 병동을 뛰쳐나가 아무 데로나 마구 달렸습니다. 달리다 보니 병원 입구까지 와 있었습니다. 거기에는 아기를 안고 있는 엄마의 동상이 있었는데, 동상은 검푸른 이끼로 덮여 있었습니다. 그 순간 처음 병원에 들어올 때 그 검푸르게 이끼 낀 동상을 보고 죽음을 떠올렸던 기억이 스쳐 지나갔습니다. 그의 마지막 두려움, 그것은 '죽음'이었습니다.

정두영 교수는 동상 앞에 엎드려 한바탕 통곡했습니다. 그러자 마음이 후련해지면서 그를 무겁게 짓누르고 두렵게 했던 모든 문제의 실마리가 보였습니다. 두려움에서 벗어난 정두영 교수는 하루속히 수술받고 학교로 돌아가야겠다는 마음뿐이었습니다. 수술은 성공적이었습니다. 학교로 돌아온 그는 겨우겨우 가을학기

강의를 감당했습니다.

학교 강의가 어느 정도 익숙해지자 정 교수의 관심은 먹고 즐기는 쪽으로 흘렀습니다. 그는 골프광이 되어갔고, 밤마다 사람들과 술 파티, 포커 파티, 춤 파티를 하며 세상에 푹 빠져 지냈습니다. 집에서 멀지 않은 곳에는 라스베이거스에 버금가는 카지노가 있었는데, 주말이면 신나게 차를 몰고 카지노로 향했습니다.

그런데 언제부턴가 공허한 느낌이 들기 시작했습니다. 텅 빈 마음을 채우려고 열심히 노름도 하고 춤도 추고, 술에도 취해 보았으나, 허탈할 뿐이었습니다. 그래서 심리학, 불경, 명상도 가리지 않고 파고들었습니다. 그러나 그곳에도 해답은 없었습니다. 급기야 모든 불행은 결혼 때문이라는 생각에 그는 이혼을 결심했습니다.

이혼하려고 짐을 다 싸놓았는데 전화벨이 울렸습니다. 어느 부흥회에 가보라는 전화였습니다. 평소 같았으면 단칼에 거절했을 텐데, 이번에는 가겠다고 대답해 버렸습니다. 이혼을 하더라도 왠지 이 부흥회에는 갔다 와야 할 것만 같았습니다. 그래서 아내와 아들을 차에 태우고 부흥회가 열리는 스톡톤 시민회관으로 향했습니다.

생각지도 못한 그날, 동화 속에서 백마를 타고 나타나는 왕자님처럼 주님이 정두영 교수에게 찾아오셨습니다. 주님은 수치와 갈등 속에 고아처럼 버려진 그를 만나주셨습니다. 그때까지 잘한 일도 없고 앞으로 잘할 거라는 보장도 없는데, 하나님은 그를 가족으로 맞아주신 것입니다.

그는 하늘로부터 오는 평안을 맛보았습니다. 여태껏 경험해 보지 못한 깊은 평안이었습니다. 원래 그는 불안하고 초조해 하는 성격이었는데, 그 불편한 마음이 순식간에 사라졌습니다. 그리고 불행의 원인이라 생각했던 아내를 다시 바라보니 어찌 된 일인지 아내가 그렇게 귀하고 사랑스러울 수가 없었습니다. 한 달쯤 지나 부부는 새로운 마음으로 주님 안에서 다시 조촐한 결혼식을 올렸습니다.

예수님이 만나주신 그 시간부터 정두영 교수는 주님과 환상적인 여정을 시작했습니다. 술과 도박을 하는 대신 교인들을 초대해 예배를 드렸습니다. 어느 날 교인들과 함께 고린도전서 13장을 읽는데, 뭔가 굉장히 중요한 말씀이라는 강렬한 느낌이 그를 사로잡았습니다.

예배가 끝나고 고린도전서 13장을 찾아 다시 읽어 내려갔습니다. 순간 이 가사로 노래를 만들어야겠다는 생각이 들었습니다. 그는 작곡해 본 적이 없었으나, 무작정 곡을 쓰기 시작했습니다. 마음속에서 노래가 흘러나오는 대로, 펜 가는 대로 15분 만에 노래 하나를 완성했습니다. 이것이 바로 〈사랑은 언제나 오래 참고〉입니다.

정두영 교수는 이렇게 고백했습니다. "이 노래는 내 피와 땀으로 만든 내 작품이 아닙니다. 하나님이 잠깐 내 손을 빌리셨을 뿐입니다. 이 노래는 처음부터 끝까지 모두 하나님의 작품이며 하나님의 메시지입니다."

10 3D 십자가

장례식이 끝났습니다. 전혀 예고도 없이 아버지가 돌아가신 것은 사춘기 소년에게 이루 말할 수 없는 충격이었습니다. 16세 소년은 졸지에 어머니와 어린 여동생들을 책임져야 했습니다. 소년은 모든 것을 포기하고 싶었습니다. 소년의 이름은 조지 베나드(George Bennard)입니다.

베나드는 구세군의 전도를 통해 예수님을 알게 되었습니다. 베나드는 어려서부터 성경을 가르치는 목회자가 되고 싶었지만, 아버지의 갑작스러운 죽음으로 모든 계획이 무산되고 말았습니다. 당장 일하지 않으면 가족이 모두 굶을지도 모르는 상황이었습니다. 베나드는 탄광에서 석탄을 캐며 가족의 생계를 책임졌고, 시간이 날 때마다 혼자서 성경을 파고들었습니다.

집안 사정이 조금 나아지자, 베나드는 시카고에 가서 자기에게 예수님을 소개해 준 구세군의 사역에 동참했습니다. 그리고 목사 안수를 받고 미국과 캐나다를 다니며 복음을 전했습니다.

새롭게 시작한 사역에 많은 어려움이 따르자, 베나드 목사는 복음의 능력을 절실히 갈망하게 되었습니다. 그래서 45세의 나이에 초심으로 돌아가 복음을 연구하며 요한복음을 자세히 읽기 시작했습니다.

그러던 어느 날, 베나드 목사는 아주 신비한 경험을 했습니다. 요한복음 3장 16절을 읽고 있는데, 마치 아이맥스 3D 영화처럼 성경에서 십자가가 입체로 불쑥 튀어나왔습니다. 그 십자가는 아주 낡고 거칠었는데, 모양이 마치 예수님의 구원 사역을 설명해 주는 것 같았습니다. 그때부터 베나드 목사는 십자가를 단순한 상징 이상으로 여기게 되었습니다. 그리고 이런 기묘한 경험을 바탕으로 찬송을 쓰기 시작했습니다.

베나드 목사는 늘 노트를 가지고 다니며 찬송을 다듬고 또 다듬었습니다. 가끔 부흥회에서 완성되지 않은 찬송을 들려주곤 했는데, 그때마다 듣는 이들은 감격했습니다. 몇 달이 흘러 마침내 예수님의 험한 십자가를 노래하는 찬송 〈갈보리산 위에〉가 완성되었습니다. 이 찬송의 원어 제목은 "낡고 거친 십자가"(Old Rugged Cross)입니다.

찬송을 완성한 후, 친구 보스윅(Boswick) 목사의 집을 방문했습니다. 베나드 목사는 친구 부부에게 〈갈보리산 위에〉를 들려주었습니다. 찬송을 처음 들은 부부는 큰 감동을 받고 기꺼이 찬송 출판비용을 전부 대겠다고 나섰습니다. 얼마 지나지 않아 〈갈보리산 위에〉는 미국 전역에서 불리는 찬송이 되었습니다.

> 저 멀리 서 있는 낡고 거친 십자가
> 고난과 수치의 상징, 그 십자가
> 최고로 사랑스럽고 위대하신 분이
> 길 잃은 죄인 위해 죽임 당하신
> 저 낡은 십자가를 나는 사랑하네. (원문 1절 직역)

기독교인들이 사랑하는 십자가는 사람을 잔인하게 죽이기 위한 사형기구입니다. 십자가형을 당하는 사람은, 자기 몸무게가 폐를 압박하는 상태에서 호흡하면서 처절한 사투를 벌여야 합니다. 사형 집행인은 죄수에게 최대의 고통을 가하기 위해, 여러 개의 금속 갈고리가 달린 채찍으로 죄수의 등과 다리를 내리쳤습니다. 그러면 여린 살갗에 갈고리가 파고들어 피부와 근육, 심지어는 힘줄과 뼈까지 함께 뜯겨 나왔습니다. 아마 하나님의 아들 예수님의 십자가 처형은 틀림없이 매우 괴기스러운 장면이었을 것입니다.[9]

그런데 기독교인들은 이렇게 고통과 아픔으로 얼룩진 십자가

사건을 기쁜 소식이라고 말합니다. 그 이유는 예수님이 '우리의 죄를 용서하기 위해' 죽으셨기 때문입니다. 우리는 한 명도 빠짐없이 하나님께 반역한 죄인입니다. 그러므로 모두 하나님의 진노를 받아 마땅합니다. 그런데 하나님이며 인간이신 예수님은 죄가 전혀 없음에도 사랑과 기쁨으로 우리의 죄를 지고 죽어주셨습니다. 이것이 십자가 사건이 기쁜 소식인 이유입니다.

십자가에 달리신 예수님은 "다 이루었다"고 선포하셨습니다. 그분이 구원에 필요한 모든 일을 다 이루셨습니다. 예수님을 신뢰하면 죄를 용서받고, 하나님과 화목하게 되며, 영광스러운 몸으로 살아나, 예수님과 함께 하나님이 뜻하신 완전하고 영원한 나라에서 살게 됩니다.

구원의 기쁜 소식을 진정으로 신뢰한다면, 예수님을 삶의 주인으로 모시고, 삶 전체를 예수님께 드리십시오. 예수님을 위해 사는 삶이 얼마나 유익한지 알게 될 것입니다.

II 사춘기 남학생을 위하여

토마스 가족은 런던 외곽의 한적한 마을에서 즐거운 나날을 보내고 있었습니다. 꼬마 토마스 켄(Thomas Ken)의 아버지는 그 지역에서 유명한 여관을 운영하고 있었고, 덕분에 물질적으로 풍요로운 삶을 살았습니다.

그런데 어느 날 생각지도 못한 일이 벌어졌습니다. 토마스의 부모님이 어린 토마스를 두고 세상을 떠난 것입니다. 죽음을 깊이 이해하기에는 아직 어렸던 토마스는 부모님의 죽음 앞에서도 마냥 쾌활하기만 했습니다. 다행히 토마스에게는 이미 결혼한 누나가 있어, 누나 부부의 보살핌을 받으며 자라났습니다.

토마스가 15세가 되자 누나는 토마스를 영국의 명문학교 윈체스터컬리지에 입학시켰습니다. 그곳은 남자들만 다닐 수 있는 고등학교로, 전교생이 기숙사 생활을 해야 하는 엄격한 학교였습니다.

입학하고 첫 학기가 지나갔습니다. 방학이 되자 친구들은 하나 둘 부모님이 계신 집으로 돌아갔습니다. 토마스는 누나 집으로 가도 되었지만 썩 내키지 않았습니다. 때때로 부모님 없는 서러움이 복받쳐 오르곤 했는데, 그럴 때마다 시편 68편 5절을 기억했습니다.

> 성전에 계시는 하나님은 고아들의 아버지이시며 과부들의 보호자이십니다. (쉬운성경)

토마스는 부모님이 안 계시다는 이유로 마음이 위축될 때, 고아의 아버지가 되시는 하나님을 의지했습니다. 그리고 성실하게 공부했습니다. 최선을 다한 그는 영국 최고의 학교인 옥스퍼드대학교에 진학할 수 있었고, 거기서 학사와 석사 학위까지 받았습니다.

부모님 없이 하나님만 의지하며 살아온 토마스는 영혼을 돌보고 싶은 마음에 목사가 되었습니다. 그는 25세에 목사 안수를 받고, 자기가 청소년 시절을 보낸 윈체스터컬리지의 교목이 되었습니다. 교목은 예배인도부터 아이들 개개인의 생활지도까지 거의 모든 것을 주관해야 했기에 결코 쉬운 일이 아니었습니다. 혈기가 왕성한 남학생들은 통제 불능이 되기 일쑤였습니다.

토마스 목사는 남학생들에게 하루 종일 경건한 삶을 유지하는 법을 알려주기 위해 찬송 세 편을 만들었습니다. 첫 번째 찬송은 아침에, 두 번째 찬송은 저녁에, 세 번째 찬송은 잠 못 이루는 밤 중에 부를 수 있게 만든 것이었습니다. 예를 들어, 아침 찬송은 "일어나라 나의 영혼아, 떠오르는 태양과 함께 일과를 시작하라" 는 가사로 운을 뗍니다. 세 편의 찬송은 모두 각 시간대에 알맞는 가사로 만들어졌습니다. 이 세 가지 찬송에는 공통점이 있는데, 모두 동일한 구절로 끝난다는 것입니다.

만복의 근원 하나님
온 백성 찬송 드리고
저 천사여 찬송하세.
찬송 성부 성자 성령.

토마스 목사가 활동하던 시대에 이단이 성행했는데, 그 이단은 예수님이 하나님이 아니라 단지 사람일 뿐이라며 성경을 왜곡했 습니다. 그래서 그 시대에는 예수님이 하나님이라는 진리를 보호 하기 위해 모든 찬송의 끝에 하나님이 성부, 성자, 성령의 세 가 지 인격으로 존재하신다는 진리를 강조하는 구절을 넣었습니다. 토마스 목사도 시대의 필요에 따라 삼위일체를 강조하는 구절을 직접 만들어 찬송 끝에 붙인 것입니다.

토마스 목사는 파란만장한 인생을 살았습니다. 교목으로 지내 던 그는 1680년에 영국의 왕 찰스 2세의 전담 목사가 되었습 니다. 그러나 왕을 목양하는 일은 토마스 목사를 힘들게 했습니 다. 찰스 2세는 왕이 누릴 수 있는 모든 것을 확실하게 즐겼던

왕인데, 공식 애인만 50명에 서자가 17명인 희대의 바람둥이였습니다.

어느 날 찰스 2세가 토마스 목사의 사택에 시녀를 데려와 그녀를 재워주라고 명했습니다. 그때 토마스 목사는 왕의 얼굴을 똑바로 바라보며 꾸짖었습니다. "하나님나라를 위해 절대로 그럴 수 없습니다!" 그 일로 찰스 2세는 토마스 목사를 불러놓고 툭하면 "우리 가여운 넬리를 재워주지 않은 꼬맹이"라고 놀려댔습니다.

제임스 2세가 다음 왕으로 추대되었고, 토마스 목사의 개혁주의적 신념을 못마땅하게 여긴 왕은 그를 교도소로 보냈습니다. 토마스 목사는 출소 후 주님 안에서 평화를 누리다가, 1711년 3월 11일에 세상을 떠났습니다. 사람들은 장례식에서 그가 만들고 사랑한 찬송가 〈만복의 근원 하나님〉을 불렀습니다.

영국에는 찰스 웨슬리와 아이작 와츠 같은 찬송의 대가들이 있습니다. 그런데 그들의 발판이 되어준 선배는 '영국 최초의 찬송 작가'라고 불리는 토마스 켄 목사입니다.

한국 찬송가 맨 앞장에 수록된 〈만복의 근원 하나님〉은 원래 사춘기 남학생을 위하여 지어졌습니다. 죄악이 주는 기쁨을 찾지 않고 하나님에게서 거룩한 기쁨을 추구하도록 가르치기 위해 지어진 이 찬송은, 세상에서 제일 유명한 송영입니다.

12 시각장애인이 본 빛

"예루살렘아, 일어나 빛을 비추어라. 네 빛이 이르렀다. 여호와의 영광이 네 위에 떠올랐다. 밤처럼 짙은 어둠이 온 땅의 백성들을 덮을 것이나, 오직 여호와께서 네 위에 떠오르시며, 주의 영광이 네 위에 나타날 것이다"(사 60:1-2, 쉬운성경).

우리가 새 희망을 품고 부르는 찬송 〈시온의 영광이 빛나는 아침〉의 주제는 '빛'입니다. 이 찬송의 작사가 토마스 헤이스팅스(Thomas Hastings)는, 시력을 거의 잃었을 때 이 찬송을 지었습니다. 헤이스팅스의 아버지는 미국 코네티컷 리치필드의 가난한 시골 마을 의사였습니다. 헤이스팅스는 추운 겨울에도 집에서 10킬로미터나 떨어져 있는 학교를 걸어 다녔고, 집에 돌아오면 고된 농장 일을 도와야 했습니다. 헤이스팅스가 12세 때 온 가족이 뉴욕 클린턴으로 이사했지만, 여건은 크게 달라지지 않아 어려운 생활이 계속되었습니다.

헤이스팅스는 음악에 재능이 뛰어났습니다. 그런데 집안 형편이 여의치 않아 음악 레슨은커녕 초등학교도 겨우 마칠 정도였습니다. 힘들게 어린 시절을 보내는 헤이스팅스에게 가장 큰 문제는 희귀병을 앓고 있다는 사실이었습니다. 헤이스팅스는 멜라닌 색소 결핍으로 피부가 하얗게 되는 백색증이 있었고, 근시도 심해 독서를 할 때면 책을 눈에 바짝 붙이고 읽었습니다. 책을 좋아하는 헤이스팅스에게 시력장애는 큰 고통이었습니다.

청년이 된 헤이스팅스는 어려운 환경을 벗어나기 위해 업종을 가리지 않고 성실히 일했습니다. 대신 밤에는 하고 싶은 음악공부를 혼자서 파고들었습니다. 18세 되던 해, 기회가 찾아왔습니다. 교회 찬양대 지휘를 맡게 된 것입니다. 그 일을 계기로 헤이스팅스는 일생을 온전히 주님께 바치기로 결심하고, '음악으로 하나님께 큰 영광을 돌리는 것'을 삶의 목표로 삼았습니다. 헤이스팅스는 언제나 목적을 되새기며 찬양대를 이끌었고, 찬송 편집과 창작을 쉬지 않았습니다.

헤이스팅스의 시력은 점점 나빠져 1830년 46세 되던 해부터는 글자를 하나씩 띄엄띄엄 읽는 것조차 힘들었습니다. 통증은 점차 악화되어 더 이상 눈을 뜰 수 없을 지경까지 이르렀습니다.

헤이스팅스는 눈을 감은 채 주님께 무릎을 꿇었습니다. "하나님, 주님의 영광을 위해 사는 것이 제 삶의 목적이잖아요. 찬송가 악보를 볼 수 있도록 시력을 회복시켜주세요." 그러면서 아직 희미하게나마 빛을 볼 수 있음을 감사했습니다.

그렇게 기도하고 있는데 '빛 되신 예수님'이라는 주제가 마음에 다가왔습니다. 그는 물리적 빛이 없으면 사물을 전혀 볼 수 없는 이 땅의 현실을 통해, 영적인 빛이 없는 영적 어둠을 실감하게 되었습니다. 그때 헤이스팅스의 입에서, 칠흑같이 캄캄한 곳에서 영원히 헤맬 수밖에 없는 죄인을 구원해 주신 주님께 감사가 터져 나왔습니다. 하늘나라를 볼 수 있는 구원의 빛, 생명의 빛이 더욱 귀함을 깨닫게 된 것입니다.

빛으로 오신 예수님을 다시금 깊이 깨달은 헤이스팅스는, 슬픔과 애통의 어둠을 기쁨으로 밝혀주시는 빛 되신 주님을 찬양했습니다. 육체의 시력을 거의 상실한 그가 영혼의 밝은 빛을 발견하고 기록한 고백이 바로 〈시온의 영광이 빛나는 아침〉입니다.

시온의 영광이 빛나는 아침
어둡던 이 땅이 밝아오네.
슬픔과 애통이 기쁨이 되니
시온의 영광이 비쳐오네.

시온의 영광이 빛나는 아침
매였던 종들이 돌아오네.

오래 전 선지자 꿈꾸던 복을

만민이 다같이 누리겠네.

예수님은 "나는 세상의 빛이다. 나를 따르는 사람은 어둠 속에서 생활하지 않을 것이며, 생명의 빛을 얻을 것이다"(요 8:12, 쉬운성경)라고 말씀하십니다. 이 찬송의 작사가와 작곡가는, 어둠이 물러가고 매였던 종들이 자유를 얻으며 메말랐던 시냇물이 흘러 나오는 기쁨을 감격적으로 표현합니다. 마지막 절에서는 싸움과 죄악으로 참혹했던 곳에서 감사의 찬송이 넘쳐나는 경이를 노래합니다.

하나님은 빛을 잃어가던 헤이스팅스에게 하늘나라의 빛을 보여주셨습니다. 그는 삶의 목표를 이탈하지 않고 6백여 편의 찬송 가사와 천여 편의 찬송 곡조를 썼으며, 50여 권에 이르는 성가집을 편집했습니다. 헤이스팅스의 아들은 나중에 유니온신학교의 교장이 되었는데, 아들은 아버지에 대해 이렇게 회고했습니다.

"아버지는 경건하고 열성적인 그리스도인이셨어요. 평생을 쉬지 않고 공부하며 일하신 분이시죠. 아버지는 88세로 생을 마감하셨는데, 돌아가시기 사흘 전까지도 펜을 놓지 않으셨어요."

I3 왜 하필이면 나냐고요!

'어떻게 이런 일이 나한테 일어날 수 있나요? 왜 하필이면 나냐고요!' 도저히 감당할 수 없는 예기치 못한 일이 터지면 나오는 반응입니다. 갑자기 큰 고통이 짓누를 때, 그리스도인들의 반응은 두 가지로 나뉩니다. 하나님을 원망하거나 하나님을 더욱 붙잡게 되지요.

아이나 오그돈(Ina Ogdon)은 교사였습니다. 아이나는 대학을 졸업하고 8년간 학교에서 아이들을 가르치다가 직장 동료 제임스를 만나 결혼했습니다. 교사생활을 하는 동안 찬송 〈창문을 활짝 열어라〉(Open Wide the Windows, 1892)를 발표하며 찬송 작가로 데뷔하기도 했습니다.

40세가 된 아이나는 오하이오 톨레도에서 가족과 함께 평안히 살고 있었습니다. 그러던 어느 날, 전신마비성 중풍을 앓고 있던 친정아버지가 길을 가다가 교통사고를 당했다는 날벼락 같은 소식이 들려왔습니다. 급히 병원으로 달려가 보니, 아버지는 의식이 없이 겨우 호흡만 하는 상태였습니다. 아버지는 척추와 두개골에 큰 충격을 입고 긴급 수술에 들어갔습니다. 수술을 마친 의사는 생명은 건졌으나 좀 더 지켜보자고 말했습니다.

아이나가 아버지를 위해 할 수 있는 것이라곤 기도뿐이었습니다. "하나님, 저희 아빠를 꼭 살려주세요. 제발 살려만 주세요. 이제부턴 진짜로 주님 말씀대로 살겠습니다!"

수술한 지 3일 후, 아버지는 눈을 떴습니다. 그러나 의사소통은 커녕 사람을 알아보지도 못했습니다. 의사는 희박하게나마 회복될 가능성이 있으니 더 기다려보자며 아이나를 위로했습니다. 아이나는 의사의 말을 듣고 희망을 잃지 말자 다짐했습니다. 그리고 희망의 불을 끄지 않으시는 하나님께 감사했습니다.

그러나 시간이 흘러도 차도가 보이지 않자, 아이나는 아버지를 집에서 간호했습니다. 왠지 집에 계시면 의식이 돌아올 것 같았습니다. 아이나는 모든 것을 그만두고 정성껏 아버지를 돌보았습니다. 그러나 아이나의 지극한 간호에도 불구하고 아버지의 병세는 점점 더 나빠졌습니다.

그렇게 3년이 지났습니다. 시간이 흐르면서 가족들은 점점 희망을 잃었고, 아이나도 지칠 대로 지쳐 있었습니다.

그러나 자식들 키우느라 고생하신 아버지에게 보답하겠다는 마음으로 다시 힘을 냈습니다. "하나님, 제발 아빠를 살려주세요." 아이나는 입버릇처럼 외치고 또 외쳤습니다.

그러던 어느 날 아이나는 마가복음 8장을 읽다가 "자기 십자가를 지고 따라오라"는 말씀에서 숨이 멎는 것 같은 느낌을 받았습니다. 순간 아이나는 눈물을 흘리며 읊조렸습니다. "하나님, 이 것이 제 십자가라면 앞에 있는 기쁨을 바라보며 지고 갈게요"(히 12:2). 아이나는 말씀을 통해 슬픔이 위로로 바뀐 심정을 종이에 적어 내려갔습니다.

너희 마음에 슬픔이 가득할 때
주가 위로해 주시리라.
아침 해같이 빛나는 마음으로
너 십자가 지고 가라.

참 기쁜 마음으로
십자가 지고 가라.
네가 기쁘게 십자가 지고 가면
슬픈 마음이 위로받네.

모든 신자에게는 고난의 십자가가 있습니다. 십자가를 지는 삶은 단순히 고통당하는 것이 아닙니다. 내가 예수님과 함께 죽었고, 그로 인해 이제부터 내 안에 예수님이 사시는 것을 의미합니다. 그러니 우리는 모두 옛사람을 철저히 비우고 그 빈자리에 주님을 모셔야 합니다. 그래야 우리 삶 가운데 주어지는 십자가를 즐거운 마음으로 질 수 있습니다.

하나님은 말씀을 통해 자신을 즐거워하라고 반복적으로 명령하십니다(시 32:11; 37:4; 67:4; 눅 10:20; 빌 4:4). 왜 그렇게 명령하실까요? 사람은 자신이 가장 즐거워하는 것을 가장 소중히 여기기 때문입니다. 즐거움은 그 무엇이 얼마나 소중한지를 측정하는 척도입니다.

예를 들어 돈이 최고의 기쁨을 준다면 돈을 가장 소중히 여길 것입니다. 이 사실은 하나님과의 관계에도 적용됩니다. 하나님이 내 기쁨의 근원이라면, 하나님이 가장 소중한 보물일 것입니다. 그리고 하나님을 가장 소중히 여긴다면, 오직 하나님만을 경배하고 하나님께만 영광 돌릴 것입니다.

기쁜 마음으로 십자가를 지고 가십시오. 그 길 끝에는 우리가 상상할 수도 없을 만큼 커다란 기쁨이 있습니다. 그곳에는 하나님이 계십니다.

14 망치를 든 사역자

에드워드 모트(Edward Mote)는 어린 시절 참 가난했습니다. 생활고 탓에 학교도 제대로 다니지 못했습니다. 모트는 술주정뱅이들을 쉽게 볼 수 있는 런던의 뒷골목에 살았습니다. 가난과 뒷골목 생활에 신물이 난 모트는, 사춘기가 극에 달했던 16세에 집을 뛰쳐나왔습니다. 그리고 온갖 나쁜 짓을 골라 하기 시작했습니다.

그러나 허랑방탕한 생활을 하면서도 정신이 들 때면 미래를 걱정했습니다. 고민 끝에 그는 학교 갈 형편은 못 되니 기술이라도 배워야겠다고 결심했습니다. 여러 곳을 찾아다녔지만, 일이 너무 힘들거나 적성에 맞지 않았습니다. 그나마 조금 나은 곳이 가구 공장이었습니다.

손재주가 있던 그는 조금씩 일에 흥미를 느꼈습니다. 무엇보다 가구공장 주인아저씨가 어린 모트를 측은히 여겨 따뜻이 대해 주었는데, 그때부터 닫혔던 그의 마음이 열리기 시작했습니다.

어느 주일 아침, 주인아저씨가 토트넘교회에 함께 가자고 권했습니다. 예전 같으면 딱 잘라 거절했을 텐데, 그날따라 무슨 마음이 들었는지 모트는 주인아저씨를 따라 교회에 갔습니다. 그날 교회에서는 존 하얏트(John Hyatt) 목사가, 영원하고 완전한 행복을 원하면 하나님을 주인으로 삼으라는 메시지를 전했습니다.

이 말씀이 소년의 마음을 두드렸습니다. 하나님의 강력한 부르심에 모트는 어찌 할 바를 몰랐습니다. 기도라곤 한 번도 해보지 않은 그였지만, 모트는 이미 하나님께 기도하고 있었습니다. "잘못했어요. 그렇지만 저는 행복해지고 싶어요. 하나님! 저를 변화시켜 주세요." 이렇게 모트는 예수님을 주인으로 받아들였고, 18세에 침례를 받았습니다.

그리고 틈나는 대로 성경을 읽으며 이전에 느껴보지 못했던 행복을 누렸습니다. 모트는 주일을 손꼽아 기다렸습니다. 반항심으로 가득했던 그의 삶은 기쁨으로 채워졌습니다. 가구공장에서 캐비닛을 만들던 모트는 "이제 내 망치는 노래하며 춤 춘다. 예수님이 내 마음에 오셨기 때문에!"라고 고백하며, 주님과 함께할 것을 다짐했습니다. 일하는 목적이 완전히 바뀐 그에게, 이제 망치는 주님의 일을 하는 도구였습니다.

우리를 향한 하나님의 부르심은 3단계를 거칩니다. 1단계는 그리스도인으로 부르시고, 2단계는 거룩한 삶으로 부르시며, 마지막 3단계는 사역자로 부르십니다. 사역자로 부르심이라고 해서 모든 사람이 전문 목회자가 되어야 하는 것은 아닙니다. 무슨 일을 하든지 일의 동기와 목적이 주님의 위대함을 드러내는 것이라면, 그것이 바로 사역입니다.

어느 날, 모트는 평소처럼 출근하는 중에 자기가 아는 모든 사람에게 자신의 체험을 말해 주고 싶다는 생각이 강하게 들었습니다. 그러고는 공장 뒤편 언덕 큰 바위에 올라가 아래를 내려다보았습니다. 그때 그는 반석처럼 변함없으신 주님을 생각하며 소리쳤습니다. "굳건한 반석이신 그리스도 위에 내가 서리니, 다른 모든 터는 가라앉은 모래라." 그의 고백은 그대로 찬송이 되었습니다.

나의 희망은 기초를 두고 있도다.
My hope is built on nothing less

오직 그리스도의 보혈과 의로움에.
Than Jesus' blood and righteousness;

나 감히 세상의 달콤한 구조물에 의지하지 않고
I dare not trust the sweetest frame,

전적으로 예수님의 이름만 의지하도다.
But wholly lean on Jesus' name.

굳건한 반석이신 그리스도 위에 내가 서리니
On Christ, the solid Rock, I stand;

다른 모든 터는 가라앉은 모래라. (찬송 원문)
All other ground is sinking sand.

다윗은, 주님이 반석이시요 구원이시요 산성이라고 고백했습니다(시 71:3 참조). 세상의 유혹은 달콤하지만 거짓됩니다. 반석이신 주님만이 유일한 기초요 희망입니다. 모트의 찬송이 그 사실을 선포합니다. 예수님은 우리가 천국에 갈 때까지 지켜주시는 분입니다.

37년 동안 망치를 들고 기술자의 사명을 감당해 온 모트를 하나님께서 목회자로 부르셨습니다. 모트는 1852년 55세의 늦은 나이에 목사가 되었습니다. 그를 존경하던 성도들이 그를 기념하여 교회 이름을 지으려하자, 그는 단칼에 거절하며 말했습니다. "나는 건물을 원하지 않아요. 설교할 강단만 필요할 뿐입니다. 만약 내가 예수 그리스도를 전할 수 없게 되면, 나를 강단에서 끌어내려 주세요."

모트 목사는 건강이 악화되어 호샴교회에서 사임할 때까지 21년 동안 한 번도 강단을 비우지 않았습니다. 그리고 1874년 77세를 일기로 아름다운 사역을 마치고 따뜻한 주님의 품에 안겼습니다.

15 무대 공포증을 가진 목사님

존슨 오트먼(Johnson Oatman)은 미국 뉴저지의 작은 도시 메드퍼드의 토박이입니다. 그는 어릴 적부터 아버지가 교회에서 봉사하는 모습을 보며 자랐습니다. 하나님의 일이라면 물불을 가리지 않는 헌신적인 아버지를 보며, 그는 '하나님이 진짜로 있기는 한 걸까?' 의심하며 사춘기를 보냈습니다.

구원의 확신이 없던 오트먼은 19세가 되던 해, 주님을 자신의 주인으로 영접했습니다. 그 후 목회자가 되어 여러 지역을 돌아다니며 복음을 전했습니다. 그러나 얼마 지나지 않아 자신에게는 청중 앞에서 말하는 재주가 없다는 사실을 깨달았습니다.

그는 설교만 시작하면 심장이 쿵쾅거리고 머릿속이 하얘지면서 입속이 타들어 갔습니다. 덜덜 떨고 있는 그를 보는 청중도 고통이었습니다. 교인들은 설교를 듣다 지루함을 참지 못해 잠들어 버리기 일쑤였습니다.

자신에게 무대 공포증이 있음을 깨달은 오트먼 목사는 36세 때 설교하기를 그만두고 자신의 재능을 찾기 시작했습니다. 마침내 오트먼 목사는 하나님이 주신 재능을 발견했습니다. 그것은 바로 시를 쓰는 것이었습니다.

1897년 어느 날, 오트먼 목사는 지나온 시간을 돌아보았습니다. 그는 하나님의 은혜를 깨닫고, 기쁨과 감사를 주체할 수 없었습니다. 무엇보다 하나님께서 하늘에 속한 신령한 복을 누리게 해주신 사실이 가슴 찡하게 다가왔습니다. 영원히 지옥에 있어야 마땅한 죄인인 자신을 구원해 주시고, 약한 자를 들어 강하게 하시며, 근심과 걱정이 짓누를 때 평안을 주신 주님의 은혜를 생각하니 기쁨과 감사가 저절로 터져 나왔습니다.

비록 설교는 잘 못하는 목사지만 주님이 주신 재능으로 글을 쓰기 시작했습니다.

폭풍우가 거센 파도처럼 몰아칠 때

모든 것을 다 잃었다고 낙심할 때

당신이 받은 수많은 복을 하나씩 생각하며 세어보세요.

주님께서 베풀어주신 것들이 당신을 놀라게 할 것입니다.

아직도 근심의 짐을 지고 있나요?

십자가의 짐이 너무 무겁게 느껴지나요?

당신이 받은 수많은 복을 세어보세요.

의심이 사라지고 온종일 찬양하게 될 것입니다. (찬송 원문 직역)

이 찬송은 우리에게 참된 기쁨을 가르칩니다. 찬송에서 말하는 복은 예수님을 믿는 자들에게 허락하신 신령한 복입니다. 그리고 이 복은 예수님이 내 안에 계시고 내가 예수님 안에 있을 때 누리는 복입니다. 주님이 우리에게 주신 많은 복 가운데 가장 큰 복은, 나를 위해 십자가 위에서 피 흘리며 돌아가신 예수님 자신입니다. 그래서 하나님을 믿는 자들은 크고 작은 아픔이 있더라도 구원의 기쁨으로 그 고난을 넉넉히 이길 수 있습니다.

또 이 찬송은 우리에게 진정한 감사를 가르칩니다. 바울은 "내가 비천에 처할 줄도 알고 풍부에 처할 줄도 알아 모든 일에 배부름과 배고픔과 풍부와 궁핍에도 일체의 비결을 배웠노라"(빌 4:12)고 고백합니다. 우리의 참 행복은 세상을 소유하는 데 있지 않습니다. 행복의 근원 되시는 예수님이 우리 안에 계시면 우리는 이미 행복한 것입니다. 예수님으로 만족하지 못한다면, 상상을 초월하는 예수님의 참된 가치를 발견하게 해달라고 간절히 기도하세요.

우리는 미련하여 진정한 보물을 외면하고 세상의 헛된 것만 찾아 헤맵니다. 복의 근원 되시는 예수님보다 더 귀한 것은 없습니다. 예수님은 자신이 선물이 되어 이 땅에 오셨습니다. 예수님을 소유하면 모든 것을 가진 것입니다. 세상이 절대로 줄 수 없는 선물이지요. 가족, 건강, 일, 재능, 친구, 교회 등도 좋은 복이지만, 최고의 복은 예수님입니다.

우리는 바울의 권면처럼 주 안에서 기뻐하고, 주님 때문에 기뻐하며, 주님만을 기뻐해야 합니다. 그러면 흘러나오는 감사를 주체할 수 없게 됩니다(빌 4:4).

16 테텔레스타이!

연약한 몸을 가진 탓에 39년의 짧은 삶을 살다간 여인이 있습니다. 스코틀랜드 출신 엘리자베스 클레페인(Elizabeth Clephane)입니다. 클레페인은 힘든 시간을 보냈지만, 십자가의 사랑을 깨닫고 주님과 동행하며 살았습니다.

엘리자베스 클레페인은 경찰관의 셋째딸로 태어났습니다. 아버지는 일찍 세상을 떠났고, 가정 형편은 넉넉하지 못했습니다.

그런데다 약한 몸 때문에 어려서부터 어려움이 많았습니다.

클레페인은 학교도 제대로 못 나갈 만큼 건강이 좋지 않았습니다. 집에서 쉬다가 어쩌다 등교할 때면 친구들을 만날 생각에 무척 즐거웠습니다. 친구들도 클레페인을 좋아했습니다. 클레페인은 '햇빛'이라는 별명이 있을 정도로 밝고 명랑했습니다. 그런데 안타깝게도 친구들과 마음껏 뛰놀지는 못했습니다. 연약한 몸 때문에 친구들이 뛰노는 모습을 바라봐야만 했습니다.

어른이 되어서도 클레페인의 건강은 좀처럼 나아지지 않았습니다. 어릴 때 부모를 잃고 건강도 좋지 않았던 클레페인은 고통당하는 사람들의 마음을 잘 헤아릴 수 있었습니다.

예수님을 믿은 후, 클레페인은 틈만 나면 가난한 자, 병든 자를 돌보는 일에 앞장섰습니다. 돈을 조금씩 벌기 시작하면서는 최소의 생활비만 남겨놓고 모든 돈을 어려운 이들을 돕는 데 사용했습니다. 클레페인의 언니도 이 나눔에 동참하며 주님의 사랑을 실천했습니다.

한번은 급하게 수술하지 않으면 생명이 위독한 사람이 있다는 이야기를 듣고, 자기가 타고 다니던 말과 마차를 팔아 도와주기도 했습니다. 클레페인은 정말 아낌없이 베풀었습니다.

1868년 클레페인이 세상을 떠나기 1년 전이었습니다. 이 세상의 삶이 얼마 남지 않음을 예감한 클레페인은, 지금까지 병든 몸을 지켜주신 주님의 사랑에 감격하며 눈물을 흘렸습니다. 그때 예수님의 가상칠언이 떠올랐습니다.

❶ 아버지여 저들을 용서하소서.

❷ 오늘 네가 나와 함께 낙원에 있으리라.

❸ 여자여 보소서 아들이니이다.

❹ 엘리 엘리 라마 사박다니.

❺ 내가 목마르다.

❻ 다 이루었다.

❼ 내 영혼을 아버지 손에 부탁하나이다.

예수님은 십자가에 달려 "엘리 엘리 라마 사박다니"(나의 하나님이여, 어찌 나를 버리시나이까)라고 외치며 고통의 시간을 보내셨습니다. 겸손하신 예수님은 "내가 목마르다"고 하실 정도로 피와 땀을 모두 쏟으셨습니다. 예수님이 찔린 것은 우리의 허물 때문이고, 그분이 상처를 받은 것은 우리의 악함 때문입니다. 그분이 징계를 받음으로 우리가 평화를 누리고, 그분이 매를 맞음으로 우리가 나음을 입었습니다(사 53:5).

클레페인은 이제껏 십자가의 은혜로 살았다고 생각하니 행복감이 밀려왔습니다. 그리고 예수님이 "테텔레스타이"(다 이루었다)라고 하신 말씀에 위로를 받았습니다. 하나님의 뜻을 이루기 위해 십자가를 지신 예수님을 생각하니 찬양이 흘러나왔습니다. 그 십자가의 사랑을 노래한 찬송이 〈십자가 그늘 아래〉입니다.

십자가 그늘 아래 나 쉬기 원하네.

저 햇볕 심히 뜨겁고 또 짐이 무거워

이 광야 같은 세상에 늘 방황할 때에
주 십자가의 그늘에 내 쉴 곳 찾았네.

어릴 때부터 아팠던 클레페인은 누구도 원망하지 않았습니다. 오히려 자기 같은 악한 죄인을 위해 십자가를 지신 예수님을 생각하며 십자가 아래 자기의 짐을 내려놓았습니다. 원어 찬송을 보면, 클레페인이 십자가를 바라보며 두 가지 놀라운 사실을 발견했음을 알 수 있습니다.

고통에 찌든 마음이 눈물로
두 가지 놀라움을 고백하네.
나의 자격 없음과
구속하시는 사랑의 놀라움을!

우리는 용서받을 자격이 없는 사람들입니다. 그러나 우리는 염치없게도 영생을 얻게 되었습니다. 예수님이 "테텔레스타이!"라고 말씀하셨기 때문입니다. 예수님이 우리의 구원에 필요한 사역을 다 이루셨습니다.

17 내 속에 숨어있는 우상

모든 사람은 예배자입니다. 다만 예배하는 대상이 다를 뿐입니다. 예배란 뭔가를 소중히 여기는 행위입니다. 우리가 하나님보다 다른 것을 더 소중히 여긴다면, 하나님이 아닌 우상을 예배하는 것입니다.

진정한 만족을 누리려면 우상을 깨뜨려버려야 합니다. 우상은 교활합니다. 우상은 우리 정신세계 속으로 살금살금 들어와, 마음 한구석에서 점점 번성하기 시작합니다. 우리는 우상의 정체를 거의 알아채지도 못합니다. 우상이 주는 일시적인 행복감에 젖어 우상과 사랑에 빠져버렸기 때문입니다.

마음속에 숨어있는 우상을 찾기 위한 10가지 질문입니다.

❶ 무엇이 나를 가장 행복하게 하는가?

❷ 내가 가장 걱정하는 것은 무엇인가?

❸ 스트레스를 풀기 위해 무엇을 하는가?

❹ 평소 내 생각을 사로잡고 있는 것은 무엇인가?

❺ 나는 돈을 어디에 쓰는가?

❻ 내가 가장 자랑스럽게 여기는 것은 무엇인가?

❼ 무엇에 관해 대화하기를 좋아하는가?

❽ 내가 절대로 포기할 수 없는 한 가지는 무엇인가?

❾ 어려운 상황에 빠졌을 때, 어떻게 자신을 위로하는가?

❿ 내 꿈은 무엇인가?

자신의 우상은 미술이라고 고백한 사람이 있습니다. 미국인 저드슨 반 드벤터(Judson Van DeVenter)는 옛날을 회상하면서, 아름다운 그림을 그려내는 것이 하나님보다 더 중요했다고 털어놓았습니다. 아름다운 그림을 그리려는 열정 자체는 잘못된 것이 아닙니다. 하나님보다 그림을 더 소중히 여기는 것이 문제였습니다.

반 드벤터는 17세에 예수님을 만났습니다. 그러나 그 후에도 예수님을 예배하는 것에는 거의 관심이 없었습니다. 그의 꿈은 오로지 위대한 미술가가 되는 것이었습니다. 대학을 졸업하고 그는 저명한 독일인 선생님 밑에서 그림을 배웠습니다. 생활비를 벌어야 했던 그는 공립학교에서 미술교사로 일했습니다. 교사생활은 잠시만 하려고 했는데, 미술학부 주임교사로 승진하면서 계속 학교에 남아 학생들을 가르치게 되었습니다.

반 드벤터는 펜실베이니아의 샤론이라는 도시에 살았습니다. 감리교 신자인 그는 처음에는 형식적으로 교회를 다녔지만, 예수님의 위대하심에 점점 눈을 뜨기 시작했습니다. 알면 알수록 하나님은 더욱 매력적인 분으로 다가왔습니다.

그 시기에 반 드벤터는 갈등하기 시작했습니다. 전문 복음전도자로 부르심을 느꼈기 때문입니다. 그러나 그는 미술에 대한 꿈을 포기할 수 없었습니다. 하나님의 부르심이냐, 자신의 야망이냐 갈림길에 선 그는 어쩔 줄 몰랐습니다.

갈등하는 동안에도 교회일은 열심히 했습니다. 음악에도 소질이 있던 반 드벤터는 성가대 지휘로 교회를 섬겼습니다. 갈등하면서도 교회일은 놓지 않은 것입니다. 이런 상태가 무려 5년이나 지속되었습니다.

1896년 어느 날, 그는 그날도 어김없이 교회에서 지휘를 하고 있었습니다. 그때 반 드벤터는 더 이상 망설이지 않고 모든 것을 하나님께 드리기로 작정했습니다. 시간, 돈, 재능 등 모든 것을 아낌없이 드리기로 마음먹은 것입니다.

고집을 꺾고 나니 아주 큰 평안이 마음속 깊은 곳으로부터 솟아올랐습니다. 바로 그날, 그의 마음속에 찬송 하나가 떠올랐습니다. 그는 펜을 들어 찬송을 적어 내려갔습니다.

내게 있는 모든 것을
아낌없이 드리네.
사랑하고 의지하며
주만 따라 살리라.

주께 드리네.
주께 드리네.
사랑하는 구주 앞에
모두 드리네.

반 드벤터는 하나님보다 더 소중히 여겼던 미술과 하나님 사이
에서 오래도록 갈팡질팡했습니다. 그러나 결국 무한한 만족을 주
시는 하나님의 부르심에 응하게 되었습니다. 이 찬송을 쓴 후, 그
는 미국과 영국을 오가며 기쁨으로 전도에 온 힘을 쏟았습니다.

18 노예가 남긴 유산

3월 17일은 성 패트릭의 날입니다. 지금은 세속적 축제로 전락했지만, 원래는 아일랜드의 선교사 성 패트릭(Saint Patrick)을 기념하는 날입니다. 그날에는 세계 각국의 사람들이 초록색 옷을 입고 거리에 나와 퍼레이드를 벌입니다.

초록색 옷을 입는 데는 이유가 있습니다. 성 패트릭이 당시 이단들에게 하나님의 삼위일체를 설명하기 위해 세 잎 클로버를 사용했는데, 클로버의 초록색이 깊은 인상을 남겼기 때문입니다.

성 패트릭을 아는 사람은 그가 으레 아일랜드 사람이겠거니 생각하지만, 사실 그는 아일랜드 사람이 아닙니다. 성 패트릭은 385년에 영국의 한 기독교 가정에서 태어나고 자랐습니다. 아버지는 헌신적인 집사였고, 할아버지는 목사였습니다. 그러나 소년 패트릭은 그리스도인이 아니었습니다.

패트릭이 16세 때, 해적이 마을을 침입했습니다. 해적단은 동네를 쑥대밭으로 만들면서 패트릭의 집도 불태웠습니다. 그때 덤불 속에 숨어있던 패트릭은 결국 해적에게 붙잡혀 아일랜드에 노예로 팔려갔습니다.[10)

노예생활은 고달팠습니다. 매일 주인에게 구박을 받으며 서러운 나날을 보냈습니다. 아일랜드로 팔려올 때까지 예수님을 몰랐던 패트릭은, 노예생활을 하다가 예수님을 구주로 영접했습니다. 패트릭을 노예로 부리던 주인은 패트릭을 협박하고 탄압했지만, 새로운 주인이신 예수님은 구원과 자유를 주셨습니다.

노예생활 6년 후, 패트릭은 22세의 어엿한 청년이 되었습니다. 이제 노예생활에서 벗어날 때가 되었다고 생각한 그는 마침내 탈출을 감행했습니다. 가까스로 도망 나온 패트릭은 주인집에서 300킬로미터나 떨어진 항구를 찾아 영국행 배에 올랐습니다.

패트릭은 우여곡절 끝에 그리운 고향 땅을 다시 밟았습니다. 그는 물어물어 집을 찾아갔습니다. 패트릭을 본 가족들은 깜짝 놀라 멍하니 바라보기만 했습니다. 그러다 곧 서로 부둥켜안고 눈물을 흘리기 시작했습니다. 그리고 이제부터는 절대 헤어지지 말자고 몇 번이고 약속했습니다.

가족과 평화로운 시간을 보내던 어느 날, 패트릭은 꿈을 꾸었습니다. 꿈이 하도 생생해서 가족들에게 꿈이야기를 해주었습니다. "꿈속에서 아일랜드 사람처럼 보이는 한 남자가 제게 다가왔어요. 이름은 빅토리쿠스라고 했어요. 그 사람이 제게 편지 한 통을 건넸어요. 편지의 제목은 '아일랜드의 목소리'였어요. 제가 편지를 읽기 시작하는데, 별안간 아일랜드 사람들의 목소리가 들려왔어요. 아일랜드인들은 한 목소리로 '거룩한 종이여, 우리에게 돌아 와주기를 간청합니다' 하며 울부짖었어요."

패트릭은 꿈에서 들었던 아일랜드 사람들의 부르짖음을 잊을 수 없어, 성경책 한 권만 가지고 다시 아일랜드로 떠났습니다. 그때 그의 나이가 30세였습니다. 이번엔 노예가 아니라 선교사로서 아일랜드 땅을 밟았습니다.

그는 시골에서부터 복음을 전하기 시작해 전국으로 확대해 나갔습니다. 많은 아일랜드 사람들이 패트릭의 설교를 통해 처음으로 예수님을 만났습니다.

사역이 늘 순탄한 것은 아니었습니다. 토속 종교를 믿는 드루이드교도들(Druids)은 선교를 중단하라며 패트릭을 협박하고 죽이려 했습니다. 패트릭은 외국인으로서 아무런 법적인 보호를 받지 못했지만, 심한 박해에도 굴하지 않고 계속해서 복음을 전했습니다.

아일랜드에 복음이 들어간 데는 패트릭의 역할이 결정적이었다고 역사의 기록들이 증언합니다. 패트릭의 강력한 메시지를 통해 각종 미신이 난무하던 아일랜드에 200여 개의 교회가 세워졌고, 10만 명이 넘는 아일랜드 사람이 회심했습니다. 그는 자신을 노예로 잡아두었던 나라, 아일랜드를 지극히 사랑하다가 461년 3월 17일에 주님 곁으로 갔습니다. 성 패트릭이 이 땅의 생을 마감한 날을 기념해 세계 각국에서 성 패트릭의 날을 지키고 있습니다.

그가 죽고 300여 년이 흐른 8세기 무렵에도, 패트릭이 남긴 복음의 유산은 여전히 아일랜드에 전해지고 있었습니다. 그때 아일랜드의 한 무명 시인이 순박한 찬송 〈내 맘의 주여 소망되소서〉를 지었습니다. 이 찬송은 고대 아일랜드어로 쓰여 오랫동안 알려지지 못했지만, 1905년에 영어로 번역되면서 유명해졌습니다. 사람들은 이 가사에 아일랜드 민요 〈슬래인〉(Slane)의 청아한 선율을 붙여 부르곤 했습니다.

자신이 노예로 팔려갔던 나라에 복음을 전하러 다시 돌아온 성 패트릭을 보면 이런 질문이 떠오를지도 모릅니다. '혹시 나도 선교사로 부름받은 건 아닐까?' 그러나 이것은 어리석은 질문입니다. 예수님을 믿는 당신은 이미 선교사로 파송된 것입니다.

바른 질문은 이것입니다. '나는 어디서 누구를 섬기는 선교사로 파송되었는가?' 지금 어디에 있든 그곳에서 최고의 기쁜 소식인 복음을 전하는 것이 그리스도인으로서의 사명입니다.

19 달콤한 길

영국인 헨리 니콜(Henry Nichol)은 음악을 좋아했습니다. 옥스퍼드대학에서 공학을 공부하다 음악에 대한 미련 때문에 전공을 음악으로 바꿀 정도였습니다. 그리고 어린이와 청소년을 좋아해 그들과 함께하는 시간을 즐거워했습니다. 그는 천진난만한 어린아이들이 노래하는 모습을 보며 감동을 받곤 했습니다.

니콜은 청소년들에게 무엇보다도 복음의 증인이 될 것을 강조했습니다. 특히 선교사로 헌신하려는 젊은이들에게 관심을 갖고 그들을 양육했습니다. 젊은이들에게 가장 필요한 것은 올바른 선교정신이라고 생각했습니다.

1896년 어느 날, 헨리 니콜은 젊은이들에게 말씀을 전하고, 복음을 선포해야 하는 이유를 말해 주고 싶은 마음이 불일 듯 일었습니다. 그 내용을 정리해 찬송으로 만들면 젊은이들이 잘 이해할 거라는 생각이 들어 만든 찬송이 바로 〈옳은 길 따르라 의의 길을〉입니다.

우리는 모든 민족에게 전할 이야기가 있네.
We've a story to tell to the nations,

모든 민족을 옳은 길로 가게 할 이야기라네.
That shall turn their hearts to the right,

진리와 자비의 이야기라네.
A story of truth and mercy,

평화와 빛의 이야기라네.
A story of peace and light,

평화와 빛의 이야기라네.
A story of peace and light.

어둠은 동트는 새벽이 되고
For the darkness shall turn to dawning,

동트는 새벽은 한낮 밝은 빛이 되리.
And the dawning to noonday bright;

그리스도의 위대한 왕국이 이 땅에 임할 거라네.
And Christ's great kingdom shall come on earth,

사랑과 빛의 왕국이 임할 거라네. (찬송 원문)
The kingdom of love and light.

이 찬송은 위대한 하나님나라에 대한 선포입니다. 예수 그리스도의 십자가 사건만이 진리와 자비, 빛과 평화를 가져다줍니다. 이 복음을 모든 민족에게 전하면 그들이 옳은 길을 따르게 된다고 이 찬송은 선포합니다.

후렴에서 어둠 가운데 동이 트고 대낮같이 날이 밝을 것이라고 말합니다. 또 그리스도의 왕국이 이 땅에 임하고, 사랑과 빛의 왕국이 임할 것이라고 선포합니다.

세상에는 수많은 달콤한 길이 있지만, 그 길에는 참된 만족이 없습니다. 오직 예수님을 통해서만 영원한 만족에 이를 수 있습니다. 예수 그리스도만이 하나님께 갈 수 있는 유일한 길이기 때문입니다(요 14:6). 편하고 넓은 길, 멋지고 빠른 길보다 좁고 험하고 힘들지만 주님을 따르는 길이 진정 만족스러운 길입니다.

선교에 있어서 가냐 보내느냐 하는 문제는 중요하지 않습니다. 전도와 선교의 사명을 면제받은 그리스도인은 없습니다. 우리가 어디 있든지 그곳이 선교지입니다. 그리고 언제든지 어디든지 주님이 가라 하시면 가야 합니다.

〈옳은 길 따르라 의의 길을〉은 영적으로 잠자는 그리스도인들을 향해 복음을 선포해야 할 사명을 다시금 일깨워줍니다. 복음만이 생명의 길이며 옳은 길임을 밝히 보여줍니다. 그 길을 따름으로 우리는 승리의 기쁨을 누립니다.

복음을 듣지 못해 영원한 지옥으로 떨어지는 영혼이 없도록 복음을 전할 사명이 모든 믿는 자에게 있습니다. 이것은 주님께서 맡겨주신 귀한 사명입니다. 옳은 길을 따르는 자에게 주님은 기쁨의 빛을 비춰주십니다.

20 금지된 찬송가

프랑스의 작은 마을에 사는 여덟 살짜리 꼬마 플라시드(Placide Cappeau)는 친구와 재미있는 시간을 보내고 있었습니다. 아이들은 아빠의 권총을 몰래 가져와 만지작거리며 놀고 있었습니다. 그런데 그 총에는 탄알이 장전되어 있었습니다. 아니나 다를까

한 방의 총소리가 조용한 마을의 적막을 깼습니다. 친구가 실수로 플라시드의 손바닥을 총으로 쏜 것입니다.

안타깝게도 플라시드는 손을 절단하는 수술을 받아야 했습니다. 총을 쏜 친구의 부모는 진심으로 미안하게 생각하여, 플라시드가 대학을 졸업할 때까지 교육비의 절반을 내주기로 약속했습니다.

문학과 법학을 공부한 플라시드는 23세가 되었을 때 변호사 자격증을 취득했습니다. 시를 탁월하게 잘 썼던 플라시드가 가장 흥미로워하던 분야는 문학이었습니다. 플라시드는 와인 제조업을 하던 아버지의 강요로 와인 판매하는 일을 하면서도, 시에 대한 관심을 놓지 않았습니다.

어느 날 플라시드에게 흥미로운 프로젝트가 맡겨졌습니다. 플라시드는 교회에 다니지도 않는 사람이었는데, 지역 교회의 사제가 그의 재능을 알아보고 크리스마스 미사를 위한 시를 의뢰한 것입니다.

얼마 후 플라시드는 와인 거래업무로 파리에 출장을 가게 되었습니다. 마차는 울퉁불퉁한 길을 달리고 있었습니다. 덜컹거리는 마차 안에서 그는 사제가 부탁한 시를 짓기 시작했습니다. 누가복음을 펼쳐 놓고 예수님이 태어나신 밤을 상상하던 그에게 거룩한 밤 풍경이 영감으로 떠올랐습니다. 마차가 파리에 도착했을 때, 그의 노트에는 완성된 시가 적혀 있었습니다. 그것이 바로 크리스마스 캐럴 〈거룩한 밤〉입니다.

거룩한 밤 별빛이 찬란하다,

우리 주 예수님 나신 이 밤.

오랫동안 죄악에 얽매여서

헤매던 우리 위해 오셨네.

온 땅이 주의 나심 기뻐하며

희망의 아침 밝아오도다.

무릎 꿇고 천사와 화답하라.

오 거룩한 밤 주님 탄생하신 밤

이 밤 거룩한 밤 거룩한 밤.

그런데 시를 지어놓고 보니 뭔가 부족한 느낌이 들었습니다. 시에 어울리는 음악이 필요하다는 결론을 내린 플라시드는 파리에 사는 친구 아돌프(Adolphe Adam)에게 곡을 부탁했습니다. 아돌프는 오르간 연주를 전공하고 작곡가로 활동하고 있었습니다. 아돌프는 새로 지은 시에 맞는 음악을 작곡해 달라는 친구의 부탁을 흔쾌히 받아들여 멋진 곡을 만들어주었습니다.

플라시드는 자기 시와 친구의 곡이 만나 완성된 찬송가를 사제에게 선물했습니다. 이 찬송은 빠른 속도로 프랑스 전역에 퍼졌습니다. 그런데 얼마 후 교회지도자들이, 플라시드가 예수를 믿지 않고 교회와는 상관없이 살아가는 와인 판매상이라는 것을 알았습니다. 프랑스 교회는 플라시드가 지은 캐럴을 부르지 못하게 했습니다. 그러나 프랑스 사람들은 이미 익숙해진 이 노래를 계속 불렀습니다.

10년 후 미국인 드와이트(John Dwight)가 이 곡을 영어로 번역 했습니다. 미국으로 건너간 〈거룩한 밤〉은 곧 널리 퍼져 전 세계 인이 사랑하는 크리스마스 캐럴이 되었습니다.

이 찬송에 얽힌 이야기를 보면서, 비기독교인이 만든 작품을 누려도 괜찮을까 하는 의문이 들 수도 있습니다. 비기독교인이 만든 것을 사용함으로써 하나님께 영광을 돌릴 수 있다면 얼마든 지 사용해도 괜찮습니다.

고린도 교인들이 시장에서 파는 것 중에 우상에게 바쳤던 음식 이 있다면 먹어야 하는지 말아야 하는지 바울에게 물었을 때, 바 울은 이렇게 대답했습니다. "먹든지 마시든지 무엇을 하든지 다 하나님의 영광을 위하여 하라"(고전 10:31). 우리는 수많은 비기독 교인이 만들어낸 결과물을 음미하면서도 하나님을 영화롭게 할 수 있습니다. 이 땅에 가득 찬 것들이 다 주님의 것이고, 우리가 그것을 음미하면서 하나님께 감사를 드리기 때문입니다.[11]

하나님은 우리가 누리는 모든 환경과 서비스와 예술이 그리스 도인의 산물이 아니라는 것을 알고 계십니다. 다만 하나님은 우 리가 그것을 사용하여 모든 것의 주인이신 하나님을 영화롭게 하 기를 바라십니다.

21 엄마의 철저한 계획

앞날을 계획하는 것은 사람이지만, 그 발걸음을 인도하시는 분은 주님이십니다(잠 16:9). 사람에게는 의지가 있어 어떤 일을 계획할 수 있습니다. 그러나 아무리 철저하게 계획하여 실행하더라도 일이 계획대로 완벽하게 성취되지는 않습니다. 오히려 철저히 무너지는 경우가 종종 있습니다. 우리는 항상 치밀한 계획을 세우지만, 모든 것의 주권자이신 하나님은 더 큰 목적대로 우리를 이끌어 가십니다.

1975년에 다이앤 볼(Diane Ball)은 모처럼 여름휴가 계획을 세웠습니다. 어린 자녀 네 명과 부부가 함께하는 가족여행이었습니다. 다이앤은 모든 일정을 아주 꼼꼼히 계획했습니다. 우선 정확히 오전 10시에 집을 떠날 계획이었습니다. 다이앤은 휴가를 떠나는 날 켈시빌(Kelseyville)에서 열리는 여성모임에 강사로 초청되었는데, 마침 여행 가는 길에 그 마을을 지나게 되어 있었습니다. 12시에 모임 장소에 도착해야 하므로, 집에서 10시에 출발하면 시간이 맞을 것 같았습니다.

여행 당일이 되었습니다. 그런데 남편에게 급한 일이 생겨 아무리 서둘러도 11시 전에는 출발할 수가 없었습니다. 초청받은 강의에 1시간 정도는 무조건 늦게 된 것입니다.[12] 이미 오래 전에 정해진 약속이라 강의시간을 갑자기 변경할 수도 없었습니다. 많은 사람들이 대책 없이 강사만 기다리고 있을 것을 생각하니 마음이 타들어 갔습니다.

남편이 일부러 늦게 온 것도 아닌데, 급히 일을 마치고 돌아온 남편에게 버럭 소리를 질렀습니다. 화가 폭발하고 만 것입니다. 1분이라도 빨리 출발하자고 남편을 다그치던 다이앤은 챙겨놓은 짐을 서둘러 자동차에 실었습니다. 고속도로를 달리던 다이앤은 머리끝까지 치밀어 오른 화를 꾹 참아가며 하나님께 마음의 평화를 달라고 기도했습니다.

그러면서 다이앤은 전도서 3장을 펴서 읽기 시작했습니다. 모든 일에는 정해진 때가 있고, 세상에서 일어나는 일마다 알맞은 때와 정해진 기한이 있다는 말씀이었습니다. 그때 모든 일은 '주님의 시간'에 맞추어 일어난다는 생각이 들었습니다. 다이앤은 계속해서 말씀을 읽어내려 갔습니다. "하나님이 모든 것을 지으시되 때를 따라 아름답게 하셨고 또 사람들에게는 영원을 사모하는 마음을 주셨느니라 그러나 하나님이 하시는 일의 시종을 사람으로 측량할 수 없게 하셨도다"(전 3:11). 이 말씀을 읽을 때, 다이앤은 갑자기 하늘에서 찬양 소리가 들려오는 듯 했습니다.

> "그 순간 하늘의 찬양대가 부르는 아름다운 멜로디가 내게 들려왔어요. 가사는 내 초조한 마음을 쓸어내렸고, 주님은 내게 평안을 주셨어요." [13]

다이앤은 달리는 차 안에서 자신이 세운 철저한 계획과 주님의 시간을 생각하며 가사와 멜로디를 써내려 갔습니다. 다이앤이 퀠시빌 여성모임에 도착했을 때는 이미 찬송 〈주님의 시간에〉가 완성되어 있었습니다.

그런데 놀라운 일이 일어났습니다. 강의는 주최 측의 사정으로 시간이 미뤄져 다이앤이 딱 '알맞은 시간'에 도착하게 된 것입니다.

그날 강의에서, 다이앤은 조금 전 자신이 이곳에 오며 경험한 이야기를 들려주었습니다. "내 시간과 계획은 언제나 불완전해요. 주님은 주님의 시간에 모든 것을 아름답게 만드시죠."

주님의 시간에, 주님의 시간에,
In His time, In His time,

주님의 시간에 주님은 모든 것을 아름답게 하십니다.
He makes all things beautiful, in His time.

주님, 날마다 저에게 보여주소서.
Lord, please show me every day,

당신의 길을 가르쳐주실 때
As You're teaching me Your way,

당신의 시간에 당신이 말씀하신 대로 행하신다는 것을.
That You do just what You say, In Your time.

시간을 나타내는 헬라어에는 '크로노스'(kronos)와 '카이로스'(kairos)가 있습니다. 크로노스는 단순히 흘러가는 양적인 시간을 말하고, 카이로스는 알맞은 때를 나타내는 질적인 시간을 말합니다. 크로노스의 시간은 끝없이 흐르지만, 카이로스의 시간은 끝이 있습니다.

예수님은 재림에 대해 말씀하시며 등불을 준비하는 슬기로운 다섯 처녀와 미련한 다섯 처녀를 비유로 드셨습니다. 시간을 크로노스로 단순하게 이해한 미련한 다섯 처녀는 신랑이 늦어질 것을 생각하지 않고 등불만 준비했지요. 그러나 신랑이 오실 때를 카이로스로 이해한 슬기로운 다섯 처녀는 그릇에 기름을 따로 준비해 등불을 밝히고 신랑을 맞이했습니다.

하나님의 시간은 우리가 예상한 시간과 다릅니다. 우리는 1분 후에 일어날 일도 알지 못합니다. 그래서 우리는 항상 주님의 시간에 민감해야 합니다.

"그런즉 깨어 있으라 너희는 그 날과 그 때를 알지 못하느니라"(마 25:13).

22 유흥업소 가수의 찬송

피터 빌혼(Peter Bilhorn)은 미국 일리노이 멘도타에서 마차 제작공의 둘째아들로 태어났습니다. 그러나 빌혼이 태어나기 3개월 전 아버지가 남북전쟁에 참전했다가 목숨을 잃는 바람에, 그는 아버지의 얼굴을 한 번도 보지 못했습니다.

빌혼은 한창 공부할 나이인 15세에 엄마, 형과 함께 시카고로 이사해 마차 만드는 일을 시작했습니다. 빌혼은 취미로 노래를 불렀는데, 그의 목소리는 사람들을 매료시킬 만큼 훌륭했기에 여기저기 초대되어 노래를 부르곤 했습니다. 특히 유흥업소에서 초대가수로 노래했는데, 얼마 지나지 않아 그 술집의 스타가 되었습니다.

1883년 18세의 빌혼이 시카고의 한 콘서트홀에서 노래하고 있을 때였습니다. 그의 노래에 감동한 한 신사가 빌혼에게 다가와, 복음전도자 무디의 교회에서 열리는 집회에 가보자고 다짜고짜 권했습니다. 빌혼은 낯선 사람에게 이끌려 부흥집회에 참석했습니다. 그날로 빌혼의 삶은 완전히 바뀌었습니다.

부흥강사였던 조지 펜테코스트(George Pentecost) 목사는 "예수님이 우리를 구원하셨습니다"라는 제목으로 설교했는데, 그 말씀은 빌혼을 위해 준비된 듯 그의 마음을 완전히 뒤집어 놓았습니다. 그날 밤 생각지도 못한 기쁨을 맛본 빌혼은 12일 동안 계속된 부흥집회에 빠지지 않고 꼬박꼬박 참석했습니다. 그러고는 예수님을 믿고 따르기로 결심했습니다.

그 후로 빌혼은 말씀에 점점 더 사로잡혔습니다. 성경을 읽으면 읽을수록 하나님이 영광을 받으시기 위해 자신에게 음악적 재능을 주셨다는 확신이 들었습니다. 그렇게 확신이 서자 빌혼은 마차 만드는 일은 형에게 맡기고, 그의 재능을 전적으로 구원의 기쁜 소식을 전하는 일에 쓰기로 결단했습니다. 그때부터 부흥사 오델(D. D. O'Dell), 존 커리(John Currie), 펜테코스트 등과 함께 복음전파에 자신의 모든 열정을 쏟았습니다.

어느 여름 날, 빌혼은 뉴저지 오션 그로브의 캠프집회에서 노래를 불렀습니다. 집회가 끝난 후 복음성가 가수인 소프라노 디

마레스트(Ida Demarest)가 자기 목소리에 어울리는 곡을 만들어달라며 빌혼에게 가볍게 부탁했습니다. 빌혼은 그녀에게 어떤 내용이 좋겠느냐고 물었습니다. "어떤 것이든 달콤한 작품(piece)이면 좋아요." 그녀의 대답에 빌혼은 '작품'(piece)이라는 단어와 똑같은 발음인 '평화'(peace)를 떠올렸습니다. 그리고 그날 밤 '달콤한 평화'(Sweet Peace)라는 제목으로 곡조를 만들었습니다. 그러나 가사는 아직 쓰지 못한 상태였습니다.

몇 달 후, 빌혼은 무디의 연락을 받고 집회를 인도하기 위해 친구와 함께 아이오와 행 기차에 올랐습니다. 한두 시간쯤 달리던 기차가 갑자기 요란한 경적을 울리며 멈추어 섰습니다. 창밖을 내다보니 한 여인이 피를 흘리며 쓰러져 있었습니다. 보고만 있을 수 없던 그들은 기차에서 내려 그녀를 길 건너 가까운 집으로 옮겼습니다.

피로 흠뻑 젖은 사고 난 자리를 보며 친구가 말했습니다. "예수님은 우리를 구원하기 위해 이 땅에 핏자국을 남기시고 하늘로 올라가셨지." 친구의 말은 빌혼에게 큰 영감을 주었습니다.

기차에 다시 오른 빌혼은, 예수님이 흘리신 피 덕분에 내게 평화가 있다는 마음을 담아 시를 써내려갔습니다. 이 시가 〈내 맘에 한 노래 있어〉라는 찬송이 되었습니다.

예수님을 주인으로 받아들이고 진정한 평안을 얻은 빌혼은 그의 모든 재능을 주님께 드렸습니다. 그런데 전도를 위해 여러 지방을 다니다 보니, 악기를 운반하는 것이 보통 큰 일이 아니었습니다. 그래서 평소에 기계를 잘 다루던 그는 어디든지 가지고 다닐 수 있는 휴대용 오르간을 고안해냈습니다. 빌혼은 '빌혼 휴대용 오르간 회사'를 설립하여 엄청난 돈을 벌었습니다. 그리고 하나님이 허락하신 재능과 돈을 예수님의 기쁜 소식을 전하는 일에 아낌없이 바쳤습니다. 진정한 평안의 근원을 알았기에 이 모든 사역이 가능했던 것입니다.

주님은 평화를 주신다고 말씀하십니다. "평안을 너희에게 끼치노니 곧 나의 평안을 너희에게 주노라 내가 너희에게 주는 것은 세상이 주는 것과 같지 아니하니라 너희는 마음에 근심하지도 말고 두려워하지도 말라"(요 14:27). 예수님은 평화의 왕이십니다(히 7:2). 예수님은 이 땅에 오실 때 평화를 가져오셨고, 십자가에 못 박혀 죽으심으로 우리에게 평화를 주셨습니다. "주 예수님 고난받아 나 평화 누리도다"라는 찬송의 고백처럼 우리는 주님 때문에 평화를 누리게 되었습니다.

23 편이 갈린 교회

뉴욕에 목사와 성도 여덟 명이 시작한 작은 교회가 있었습니다. 교회가 어느 정도 성장하자, 목사님은 새로운 교회를 개척하기 위해 그 교회를 떠났습니다. 정든 목사님을 떠나보내고, 교인들은 매주 담임목사 없이 예배를 드렸습니다. 새로 담임목사를 청빙하고 싶었지만 쉽지 않았습니다. 얼마 지나지 않아 교인들은 서로 갈등의 골이 깊어져 편을 갈라 다투기 시작했습니다.

음악교사인 돈 비식(Don Besig)은 그 교회 교인이었습니다. 비식은 음악을 가르치면서 틈틈이 작곡가로 활동하고 있었습니다. 온 교회가 불확실한 미래에 절망하고 있을 때, 그는 편을 갈라 싸우던 교인들의 회개와 연합을 위해 하나님의 인도하심을 노래하는 찬양을 만들기로 결심했습니다.

비식은 가깝게 지내던 낸시 프라이스(Nancy Price)에게 가사를 써달라고 부탁했습니다. 그녀는 정말 아름다운 노랫말을 써주었고, 비식은 정성 들여 가사에 맞는 훌륭한 음악을 작곡했습니다. 그렇게 만든 찬송이 바로 〈여기에 모인 우리〉입니다.

돈 비식과 낸시 프라이스의 합작품인 〈여기에 모인 우리〉를 통해 하나님의 능력이 나타났습니다. 찬송을 선물로 받은 교회는 싸움을 멈추었습니다. 곧 성도끼리 교제가 회복되었고, 예수님의 사랑이 온 교회에 가득하게 되었습니다.

〈여기에 모인 우리〉는 우리가 '주의 은총을 받은 자'라고 노래합니다. 하나님이 우리에게 주신 가장 큰 은총은 예수님을 이 땅에 보내주신 것입니다. 우리 인류는 모두 하나님께 반역했습니다. 무한히 크신 하나님께 반역한 죄에 대한 처벌은 무한한 고통뿐입니다. 그래서 우리는 영원한 지옥에 있어야 마땅합니다.

그러나 사랑의 하나님은 우리를 내버려두지 않으셨습니다. 하나님은 우리를 구원하기 위해 예수님을 보내셨습니다. 예수님이 이루신 일을 제대로 믿기만 하면, 하나님과 함께 완벽한 나라에서 영원히 살도록 해주신 것입니다.

이 사실은 우리가 어떤 절망에 빠져 있더라도 우리에게 기쁨을 줍니다. 영원한 지옥에 있어야 하는 우리에게 지금 주어진 삶의 모든 것은 선물입니다. 게다가 하나님과 함께하는 영원한 삶은 얼마나 좋을지 감히 상상하기조차 어렵습니다.

찬송의 끝부분은 주님이 늘 동행하시며 지켜주심을 선포하고, 우리의 믿음이 더욱 굳세길 소망합니다. 또 어두운 밤에도 빛 되신 주님께서 인도하심을 선포합니다.

여기 이 자리에 함께 모여
Gathered here with in this place

우리는 주님의 구속의 은총을 함께 나누네.
We can share in God's redeeming grace.

의심과 걱정 없이
There's no room for doubt or fear

우리는 여기서 주님의 임재를 느끼네.
We can feel His presence here.

매일같이 새날을 맞이하며
As we face each passing day

우리는 주를 섬기고 높이며 순종하리라.
we will serve and honor and obey

그리고 만약 희망이 사라지기 시작하면
and if hope should start to dim

우리의 믿음은 주님께 있음을 알게 되리라.
we will know our trust is in Him.

우리는 믿음을 더욱 굳세게 지키리라.
And we will keep our faith alive

하나님께서 언제나 인도자 되시니
God will always be our guide.

캄캄한 밤중에도
Through the darkest night

우리는 주님의 빛을 보게 되리라.
We will see God's light.

우리는 믿음을 더욱 굳세게 지키리라. (찬송 원문)
We will keep our faith alive!

이 찬송을 함께 지은 돈 비식과 낸시 프라이스는 1980년 이래 작품 활동을 함께해 왔습니다. 그들은 이후로 예배를 위한 독창곡과 합창곡 등 수백 곡을 함께 만들었고, 그들의 작품은 2천만 부 이상이 판매되었습니다. 지금 그들은 뉴욕의 페어포트에 살며 페린튼장로교회를 섬기고 있습니다.

작사_루퍼스 헨리 맥다니엘(Rufus Henry McDaniel, 1850-1940)
작곡_찰스 허친슨 가브리엘(Charles Hutchinson Gabriel, 1856-1932)

. . .

1. 주 예수 내 맘에 들어와 계신 후 변하여 새사람 되고
   내가 늘 바라던 참 빛을 찾음도 주 예수 내 맘에 오심.
   (후렴) 주 예수 내 맘에 오심 주 예수 내 맘에 오심.
   물밀 듯 내 맘에 기쁨이 넘침은 주 예수 내 맘에 오심.

2. 주 예수 내 맘에 들어와 계신 후 망령된 행실을 끊고
   머리털보다도 더 많던 내 죄가 눈보다 더 희어졌네.

3. 내 맘에 소망을 든든히 가짐은 주 예수 내 맘에 오심.
   의심의 구름이 사라져 버림도 주 예수 내 맘에 오심.

4. 사망의 음침한 골짜기 가다가 밝은 빛 홀연히 비쳐
   저 멀리 하늘 문 환하게 보임도 주 예수 내 맘에 오심.

5. 내가 저 천성에 올라가 살기는 주 예수 내 맘에 오심.
   천성에 올라가 주님을 뵈리니 그 기쁨 비길 데 없네.

24 삶에 어떤 변화가 있나요?

아프리카의 성자로 불리는 영국인 선교사 리빙스턴이 모교인 글래스고대학에서 강연할 때의 일입니다. 한 학생이 물었습니다. "어떻게 그렇게 혹독한 환경에서 16년을 지낼 수 있었나요?" 리빙스턴이 대답했습니다. "주님께서 주신 두 마디의 약속 '고아와 같이 버려두지 않겠다'(요 14:18), '세상 끝날까지 항상 함께 있겠

다'(마 28:20)는 말씀 때문에 고통스럽고 불편한 상황에서도 찬송할 수 있었습니다."

미국 오하이오 출신인 맥다니엘(Rufus McDaniel) 목사는 19세부터 설교하기 시작해, 1873년 23세에 목사 안수를 받고 목회현장에 뛰어들었습니다. 어려서부터 주님의 사역을 감당했던 신실한 그에게도 감당하기 어려운 고난의 시간은 있었습니다. 그의 나이 63세에 둘째아들 허쉘을 갑작스러운 사고로 잃게 된 것입니다. 맥다니엘 목사는 큰 충격을 받고 슬픔에 빠져 어찌 할 바를 몰랐습니다.

그때 하나님이 그의 마음을 어루만져주셨습니다. 아들을 잃고 뼈아픈 슬픔과 시련 속에 있던 그에게 주님은 영원히 빼앗기지 않는 기쁨을 안고 찾아오셨습니다. 아들로 인해 기쁨을 누렸던 그 자리에 주님이 들어오셔서, 더 큰 기쁨과 평안을 얻게 된 것입니다. 이것은 주님만이 하실 수 있는 일입니다.

맥다니엘 목사는 예수님이 그의 마음에 들어오셔서 체험하게 된 변화를 찬찬히 써내려갔습니다. 이것이 〈주 예수 내 맘에 들어와〉라는 찬송입니다.

내 생애에 얼마나 놀라운 변화가 일어나고 있는가.
What a wonderful change in my life has been wrought

예수님이 내 맘에 들어오신 이후로
Since Jesus came into my heart!

내가 찾았던 내 영혼에 빛을 가지게 되었네.
I have light in my soul for which long I had sought,

예수님께서 내 맘에 들어오신 이후로
Since Jesus came into my heart!

예수님이 내 맘에 들어오신 이후로
Since Jesus came into my heart,

내 영혼에 기쁨의 홍수가 일어나네.
Floods of joy o'er my soul

바다의 큰 물결이 출렁이듯
Like the sea billows roll,

예수님이 내 맘에 들어오신 이후로. (찬송 원문)
Since Jesus came into my heart.

이 찬송은 내가 주님 안에, 주님이 내 안에 계실 때의 변화된 모습과 감동을 표현하고 있습니다. 예수님이 내 마음에 들어오신 후, 내가 변하여 새사람이 되어, 잘못된 행실을 끊고, 진정한 기쁨을 알며, 천국에 이르는 소망을 갖게 된 감격을 노래합니다.

우리는 "너희가 전에는 어둠이더니 이제는 주 안에서 빛이라 빛의 자녀들처럼 행하라"(엡 5:8)는 말씀에 귀 기울여야 합니다. 목자 되신 주님은 우리가 사망의 골짜기를 다닐 때도 함께하십니다. 주님은 영원토록 선하심과 인자하심으로 우리와 함께하십니다.

이 찬송은 음악적으로 음계가 상행하는 것도 무척 흥미롭습니다. 첫째와 둘째 프레이즈는 물론이고 후렴의 마지막 프레이즈인 "물밀 듯 내 맘에 기쁨이 넘침은" 부분을 노래할 때면, 주님이 주시는 기쁨이 샘솟듯 차오름을 느낄 수 있습니다.

  감당할 수 없는 어려움이 쓰나미처럼 몰려오더라도 하나님의 자녀는 결국에는 승리합니다. 하나님의 약속을 믿는 자에게는 반전이 있습니다. 하나님께서 모든 고통을 평안과 기쁨으로 바꿔주시기 때문입니다. 제아무리 끝이 보이지 않는 환난이 밀려와도 최후의 승자는 하나님의 백성입니다.

25 길거리 전도에 나선 가족밴드

프라이(Charles Fry)는 영국 윌트셔의 알더버리에서 벽돌공의 아들로 태어났습니다. 그는 아버지를 도와서 건축일을 하면서도 틈만 나면 악기를 다루었습니다. 프라이는 음악적 재능을 타고 났습니다. 정식으로 레슨 한 번 받지 않았지만, 건반과 바이올린, 첼로 그리고 코넷을 자유자재로 연주했습니다. 17세에 부흥집회에 참석하여 예수님을 믿기 시작한 프라이는, 교회에서 오케스트라와 브라스밴드를 지휘하며 크리스천 선교회(Christian Mission in Salisbury)를 적극적으로 도왔습니다.

1878년 구세군 창시자인 윌리엄 부스(William Booth)가 인도하는 대규모 전도 집회가 프라이의 고향 알더버리에서 열릴 때였습니다. 결혼한 프라이는 세 아들과 함께 가족악단을 만들어 집회를 도왔습니다. 아들 삼형제도 아빠를 닮아 음악적 재능이 탁월했는데, 무엇보다 가족이 한마음으로 찬양하는 모습이 감동적이었습니다. 엄마와 아빠 그리고 세 아들, 이렇게 다섯 명이 만들어내는 프라이 가족악단의 찬양은 사람들의 마음을 감동시켰고, 나중에 구세군 악단의 시초가 되었습니다.

그런데 프라이에게 걱정거리가 생겼습니다. 생업과 전도활동 중에서 어느 하나를 선택해야 하는 갈림길에 서게 된 것입니다. 프라이는 고심 끝에 많은 돈이 약속된 생업을 버리고 세상에 기쁜 소식을 전하는 일을 선택했습니다. 온 식구가 구세군 전도단에 합류하여 활동하기로 결심한 것입니다. 그들은 1880년 5월 14일부터 런던으로 옮겨 길거리 전도와 집회에서 본격적으로 연주하며, 하나님을 모르는 영혼들에게 복음을 전했습니다.

전도 집회에서 연주하는 일은 쉽지 않았습니다. 불신자들을 주님께 이끌기 위해 찬양할 때마다 사탄의 방해가 끊이지 않았습니다. 이것은 음악활동이 아니라 영적 싸움이었습니다. 집회 때마다 연주하는 일은 이들에게 무척 피곤한 사역이었습니다.

고향을 떠나 1년쯤 되니, 매일 진행되는 길거리 전도와 집회활동으로 몸과 마음이 지칠 대로 지쳐있었습니다. 그러던 어느 날,

프라이는 아들 삼형제의 미래와 자신의 건강문제로 머리가 복잡했습니다. 그때 프라이는 하나님께 무릎을 꿇었습니다. "주님, 저는 돈과 인기를 위해 이 일에 나서지 않았습니다. 처음 시작할 때의 마음으로 새롭게 채워주세요. 모든 걸 버리고 주님을 택했듯이 목숨까지도 버릴 수 있는 믿음을 주세요."

이렇게 다시 헌신을 다짐하고 나니 예수님의 아름다운 모습이 더욱 또렷하게 보였습니다. 프라이는 친구 되신 예수님을 다시 찾게 되어 뛸 듯이 기뻤습니다. 그리고 "예수님은 나의 모든 것"이라고 소리쳤습니다. 프라이는 "내가 슬플 때 위로해 주시고, 괴로울 때 지켜주신다!"라고 고백했습니다. 이 간증이 〈내 진정 사모하는〉입니다.

나는 친구 된 예수님을 찾았네, 그는 내게 모든 것이라.
I have found a friend in Jesus, He's everything to me,

그는 내 영혼에게 말할 수 없이 가장 아름다운 분이라.
He's the fairest of ten thousand to my soul;

나는 골짜기의 백합화인 그를 보네.
The Lily of the Valley, in Him alone I see

내게 필요한 것은 씻음과 나를 온전하게 만드는 것이라.
All I need to cleanse and make me fully whole.

그는 내가 슬플 때 위로해 주시고 괴로울 때 지켜주시네.
In sorrow He's my comfort, in trouble He's my stay;

그는 모든 근심을 그에게 옮기라고 말씀하시네.
He tells me every care on Him to roll.

그는 골짜기의 백합화요 빛나는 새벽별이라.
He's the Lily of the Valley, the Bright and Morning Star,

그는 내 영혼에겐 말할 수 없이 가장 아름다운 분이라. (찬송 원문)
He's the fairest of ten thousand to my soul.

찬송 가사는 예수님을 "골짜기의 백합화"(아 2:1)요 빛나는 새벽 별이라고 표현합니다. 예수님은 가장 아름다운 분입니다. 주님은 아름다움 그 자체입니다. 주님은 존재 자체가 충만하여 아무것도 안 하셔도 부족함 없이 아름다우십니다.

그럼에도 쉬지 않고 우리에게 사랑을 채워주십니다. 아픈 마음을 싸매주시고, 외로울 때 친구가 되어주십니다. 몸이 아플 때는 치료해 주시고, 영혼이 말라있을 때는 기쁨의 강물로 적셔주십니다. 세상이 나를 외면하고 팽개치더라도 주님은 끝까지 돌보아주십니다. 이보다 더 아름다운 분을 찾을 수 있을까요?

26 아내의 짤막한 편지

찰스 웨이글(Charles Weigle)이 신시내티음악학교를 다닐 때였습니다. 뛰어난 음악적 재능을 지닌 그는 하나님이 복음 전파를 위해 재능을 허락하셨다고 확신했습니다. 그래서 음악을 배우는 동시에 성경공부도 게을리하지 않았습니다.

시간이 흘러 웨이글은 사랑스러운 아내를 맞아 가정을 꾸리고 예쁜 딸도 낳았습니다. 웨이글은 생활이 안정되자 전도에 발 벗고 나섰습니다. 한곳에 머무르지 않고 사람들을 찾아다니며 복음을 전하는 순회전도자로 나선 것입니다. 집을 떠나 몇 주씩 낮선 곳에 머무르며 전도하는 것은 쉬운 일이 아니었습니다. 그럼에도 그는 복음증거가 가장 귀한 일이라 생각하며 견뎌냈습니다.

그런데 집을 비우는 일이 잦아지자 아내와 갈등이 깊어졌습니다. 집을 떠나 있을 때는 마음 한구석에 가정에 대한 불안감이 떠나지 않았습니다.

아니나 다를까 문제가 터지고 말았습니다. 어느 날 순회전도를 마치고 밤늦게 집에 돌아왔는데, 기쁘게 맞이해야 할 아내와 어린 딸이 보이지 않았습니다. 식탁 위에 아내가 남긴 짤막한 편지 한 장만 놓여 있었습니다. "외로워서 견딜 수가 없어요. 행복을 찾아 떠나는 나를 탓하지 마세요."

웨이글은 가정을 지키지 못했다는 자책감에 몹시 괴로웠습니다. 한순간에 몸과 마음이 벼랑 끝으로 떨어져버렸습니다. 순회전도는 고사하고 물 한 모금도 입에 댈 수가 없었고, 끓어오르는 분노와 실망을 참을 수 없었습니다.

아내를 향한 분노와 실망은 이내 하나님을 향했습니다. "그래요. 주님의 일을 하느라 가정을 돌보지 못했어요. 그래도 어떻게 이런 고통을 주십니까! 이렇게 살게 하실 바엔 차라리 제 목숨을 가져가세요." 그러고는 자살을 결심하고 비스케인 절벽으로 갔습니다.

웨이글이 절벽에서 뛰어내리려는 순간, 하나님의 음성이 들렸습니다. "내가 늘 너와 함께 있단다. 지금까지도 돌보았는데 앞으로도 너를 돌보지 않겠느냐?" 그 순간 그는 잠시나마 현실만 보고 하나님의 큰 사랑을 저버렸던 잘못을 크게 뉘우쳤습니다. 다른 누군가를 위해 사는 것이 아닌 예수님을 위해 사는 것이 진정한 평안이라는 생각이 밀려왔습니다. '세상의 어떤 것도 내게 평안을 줄 수 없어. 주님만이 내 기쁨이야.' 그는 아픔 가운데 참 평안을 찾은 신앙의 체험을 글로 써내려갔습니다. 이것이 〈예수가 함께 계시니〉입니다.

예수를 위해 사는 것, 얼마나 평안한가.
Living for Jesus, O what peace!

기쁨의 강물은 결코 멈추지 않도다.
Rivers of pleasure never cease.

시험이 닥쳐와도 나는 두렵지 않으리.
Trials may come, yet I'll not fear.

예수를 위해 살리니 주님이 곁에 계시도다.
Living for Jesus, He is near.

더욱더 주님을 섬기게 도우소서.
Help me to serve Thee more and more.

쉬지 않고 주님을 찬양하도록 도우소서.
Help me to praise Thee o'er and o'er;

매일매일 주님의 임재 안에 살리니
Live in Thy presence day by day,

나는 결코 주님을 외면하지 않으리라. (찬송 원문)
Never to turn from Thee away.

이 찬송은 예수를 위해 살겠다는 결단을 노래합니다. 웨이글은

이 찬송을 통해, 비록 아내가 떠나버려 세상에는 친구가 없지만, 참된 친구인 예수님이 계심을 고백합니다.

인생은 잠깐입니다. 세상 마지막 날 심판대에 설 때, 주님께 상급을 받도록 예수님을 위해 사는 것이 참된 삶입니다. "더욱더 주님을 섬기게 나를 도우소서. 쉬지 않고 주님을 찬양하도록 나를 도우소서!"

이후에 예수님과 더 깊은 사랑에 빠진 웨이글은 재능을 살려 복음성가 천여 곡을 만들어 하나님께 영광을 돌렸습니다. 웨이글은 1966년 12월 3일, 95세의 나이로 하늘나라에 가기 전까지 15년 동안 테네시 템플대학교에서 학생들의 신앙생활을 지도했습니다. 오랜 시간이 지난 지금도 템플대학교에는 복음을 위해 노력한 그의 흔적이 남아있습니다.

27 부드럽고 다정하게

윌리엄 톰슨(William Thompson)은 미국 오하이오 출신의 시인이자 작곡가입니다. 독일에서 음악공부를 하고 돌아온 28세의 톰슨은, 자기 작품을 출판사에 팔기 위해 그동안 작업해 온 작품 네 편을 잘 다듬었습니다. 당당하게 출판사에 찾아간 그는 작품 한 편에 25달러씩 쳐주면 팔겠다며 의기양양했습니다. 그러나 톰슨의 작품을 살펴본 뉴욕의 클리블랜드 출판사는 이런 풋내기의 작품은 흔하디흔한 곡이라며 고개를 저었습니다. 그러고는 모두 합처 25달러를 주겠다고 했습니다. 자기 작품의 가치를 터무니없이 싸게 부르다니 톰슨은 어이가 없었습니다.

톰슨은 아무 소리 하지 않고 작품을 들고 나왔습니다. 그러고는 작은 인쇄업자에게 인쇄를 맡겨 작품을 직접 팔아보기로 했습니다. 그런데 놀랍게도 반응이 좋았습니다.

작품이 잘 팔려 돈을 좀 벌자 톰슨은 시카고에 음악출판사를 설립하여 자신의 작품을 더 많이 찍어내기 시작했습니다. 톰슨은 한순간에 고향 오하이오의 영웅이자 백만장자 작곡가가 되었습니다. 톰슨은 이렇게 대단한 성공을 거두었지만 항상 마음 한편이 공허했습니다. 모두가 갖고 싶어하는 돈과 명예도 그를 만족시키지 못했습니다.

그러던 어느 날, 세계적인 부흥강사 무디를 만날 기회가 생겼습니다. 무디가 톰슨에게 말했습니다. "톰슨, 당신의 노래는 정말 아름다워요. 그런데 이제부터는 사람들의 마음을 축복하는 살아 있는 노래, 그리고 그들을 주님께로 인도하는 노래를 써보세요."

무디의 말 한 마디가 톰슨의 삶을 완전히 바꾸어 놓았습니다. 톰슨은 마음이 뜨거워지면서 자기에게 왜 음악적 재능이 주어졌는지 깨달았습니다. '맞아! 오직 나를 만드신 분을 찬양할 때 진정한 안정과 기쁨을 누릴 수 있어.' 삶의 목적을 찾자 마음의 공허함도 사라졌습니다. 그리고 바로 〈예수가 우리를 부르는 소리〉를 써내려갔습니다.

부드럽고 다정하게 예수께서 부르시네.
Softly and tenderly Jesus is calling,

너와 나를 부르시네.
Calling for you and for me;

보라, 주님께서 문에서 기다리며 지켜보고 계시네.
See, on the portals He's waiting and watching,

너와 나를 지켜보고 계시네.
Watching for you and for me.

집으로 돌아오라, 집으로 돌아오라.
Come home, come home,

지쳐 있는 자여, 집으로 돌아오라.
You who are weary, come home;

진지하고 다정하게 예수께서 부르시네.
Earnestly, tenderly, Jesus is calling,

오 죄인이여, 집으로 돌아오라! (찬송 원문)
Calling, O sinner, come home!

톰슨은 이 외에도 많은 찬송을 썼습니다. 그런데 어떤 찬송보다도 그가 진정한 삶의 목적을 찾고 쓴 곡인 〈예수가 우리를 부르는 소리〉가 많은 사람의 사랑을 받았습니다. 이 찬송은 미국과 영국에서 무디가 집회를 인도할 때마다 불렸습니다. 설교 후 찬양팀이 이 찬송을 부르며 불신자들을 주님께 초청하면, 많은 사람이 회개하고 주님께 돌아왔습니다.

1899년 12월 겨울, 몸이 좋지 않던 무디의 병세가 악화되었습니다. 무디는 모든 사역을 중단하고 매사추세츠 노드필드에 있는 그의 집에서 임종을 기다리고 있었습니다. 무디의 소식을 들은 톰슨이 병문안을 갔지만, 담당의사는 무디의 상태가 좋지 않다며 만남을 허락하지 않았습니다.

방 앞에서 옥신각신하는 두 사람의 소리를 들은 무디는 톰슨이 온 것을 알아차리고 그를 들어오게 했습니다. 무디는 침대 곁에 선 톰슨의 손을 꼭 잡고 말했습니다. "나는 수많은 사람을 주님께 인도했네. 그런데 내 삶 전체보다 자네가 쓴 한 편의 찬송이 더 힘이 센 것 같네."

이 찬송의 모든 절에서는, 인자한 어머니처럼 다정하게 부르시는 주님의 숨결이 느껴집니다. 1절에서는, 문 앞에서 기다리시는 주님의 모습이 그려집니다. 2절에서는, 모든 일에 때가 있는데도 (전 3:1) 머뭇거리는 못난 자식을 기다리시는 주님의 모습을 엿볼 수 있습니다. 3절에서는, 잠깐 보이다 없어지는 안개처럼(약 4:14) 덧없이 지나가는 우리의 인생을 표현합니다. 마지막 절에서는, 우리의 거할 집을 예비하고, 집을 나간 탕자를 기다리는 어머니의 심정을 묘사합니다.

톰슨은 사람들을 주님께 인도하는 노래를 써보라는 무디의 충고를 그대로 따랐습니다. 덕분에 많은 사람이 찬송을 부르며 주님께 돌아오는 기쁨을 누릴 수 있었습니다.

28 괴로워하는 여인

레일라 모리스(Leila Morris)는 어릴 때부터 시력이 좋지 않았습니다. 눈은 잘 보이지 않았지만, 그녀는 언제나 섬기는 일에 적극적으로 참여했습니다. 하루는 모리스가 미국 메릴랜드의 마운틴 레이크 파크 캠프집회에서 일을 돕고 있었습니다.[14]

집회가 시작되자 강사 목사님은 회개를 촉구하는 강력한 메시지를 선포했습니다. 마음속에 감추어 놓았던 죄를 적나라하게 들추는 그의 설교는 사람들의 심령을 마구 흔들어놓았습니다. 여기저기서 땅을 치며 울부짖는 회개의 소리가 그칠 줄 몰랐습니다.

"자신의 삶을 회개하고 예수님을 영접하십시오. 그래야 새사람이 되고 평안을 얻을 수 있습니다." 설교를 마치고 결심한 자들을 제단 앞으로 초청했을 때, 많은 사람이 눈물을 흘리며 걸어나왔습니다. 목사님은 다시 한 번 외쳤습니다. "주님 뜻대로 살기로 작정한 사람은 앞으로 나오십시오. 지금 나오십시오."

모리스는 찬송하며 기도하는 동안 도움이 필요한 사람이 있는지 살피고 있었습니다. 그때 한 여인이 눈에 들어왔습니다. 그 여인은 엎드린 채 혼란스러운 자신의 마음을 어찌 할지 몰라 괴로워하고 있었습니다. 모리스는 여인에게 다가가 어깨에 손을 얹고 기도하며 말했습니다. "모든 걱정과 근심을 주님께 맡기세요." 그때 목사님이 큰 소리로 "바로 지금입니다. 마음 문을 열어 주님이 들어오시도록 하세요."라며 간곡하게 권면했습니다. 모리스는 괴로워하는 여인에게 조용히 말했습니다. "지금 예수님을 주인으로 받아들이세요. 그래야 진정으로 행복할 수 있어요!"

결국 여인은 마음을 열고 예수님을 믿기로 했습니다. 그리고 제단 앞으로 나아갔습니다. 메시지를 들은 대부분의 참석자들이 제단 앞에 모여들었습니다. 그들은 기쁨의 눈물을 흘리며 하나님을 소리 높여 찬양했습니다.

오전 집회를 마치고 숙소에 돌아온 모리스는 회개하며 울부짖던 이들의 모습을 잊을 수가 없었습니다. 괴로워하던 여인의 모습은 더 크게 다가왔습니다. 그리고 자신이 여인에게 예수님을 영접하라고 간절히 권면했던 것을 생각하며 주님께 감사했습니다.

모리스는 그 여인의 문제가 예수님으로 인해 해결된 것을 찬송으로 표현하고 싶었습니다. 그리고 곧바로 펜을 들어 적은 것이 〈죄 짐을 지고서 곤하거든〉입니다.

죄의 짐을 지고서 피곤하거든
If you are tired of the load of your sin,

당신의 마음속에 예수님이 오시게 하라.
Let Jesus come into your heart;

새로운 삶을 시작하길 원하거든
If you desire a new life to begin,

당신의 마음속에 예수님이 오시게 하라.
Let Jesus come into your heart.

바로 지금 당신의 의심을 버리고
Just now, your doubting give over;

바로 지금 더 이상 주님을 거절하지 말라.
Just now, reject Him no more;

바로 지금 마음 문을 활짝 열고
Just now, throw open the door;

당신의 마음속에 예수님이 오시게 하라. (찬송 원문)
Let Jesus come into your heart.

모리스는 모든 집회가 다 끝나기도 전에 가사와 음악을 완성했습니다. 이 찬송은 진정한 행복을 원한다면 주님을 영접하라고 말하는 초청 찬송입니다. 그래서 각 절은 조건을 제시하는 단어인 'if'(만약)로 시작합니다.

죄의 짐 때문에 피곤하다면, 새로운 삶을 시작하기 원한다면, 예수님을 주님으로 받아들이십시오. 참다운 행복을 누리기 위한 유일한 길은, 마음 문을 활짝 열고 예수님을 주님으로 받아들이는 것뿐입니다.

1913년 51세의 모리스는 시력이 극도로 나빠져 더 이상 자신의 힘으로는 찬송을 쓸 수 없게 되었습니다. 그러자 모리스의 아들이 커다란 칠판에 오선지를 그려 모리스가 찬송을 쓸 수 있도록 도왔습니다. 잘 볼 수는 없지만 천하보다 귀한 영혼을 구하기 위해 끝까지 헌신한 그녀의 아름다운 삶과 가족의 노력을 하나님은 절대 잊지 않으실 것입니다.

주님은 하나님의 형상이시니 미국 장로교찬송가 346

작사_버트 폴만(Bert Polman, 1945-2013) 역_오소운
작곡_미상(한국민요)

• • •

1. 예수님은 모든 것의 근원이 되시니
   말씀으로 세상 만물을 창조하셨네.
   주는 교회의 머리가 되시니
   죽음 권세 이기신 우리 구세주.

2. 예수 안에 굳게 뭉친 하나님 자녀들
   이 세상을 주의 나라로 만들어가세.
   우리 생명도 주님의 것이니
   주님 다시 오시면 영광 누리리.

3. 주의 자녀 한 몸 되어 진리에 살면서
   온 세상에 주의 복음을 전파합시다.
   감사 찬송을 주님께 드리며
   한맘으로 이 복음 전파합시다.

29 미국 찬송가의 '아리랑'

감리교신학대학교 학장을 지낸 윤성범 박사가 독일에서 유학
할 때의 이야기입니다. 성탄이 다가오자 학교에서는 각국 유학생
들이 모여 성탄 찬송을 부르는 시간을 가졌습니다. 윤성범도 성
탄 찬송을 부르기로 되어 있었습니다. 자기 순서가 되자 윤성범
은 〈고요한 밤 거룩한 밤〉을 불렀습니다. 그러자 오스트리아 출
신의 한 학생이 그건 오스트리아의 그루버가 지은 캐럴이라고 지

적했습니다. 그 말을 듣고 윤성범은 얼떨결에 〈기쁘다 구주 오셨네〉를 불렀습니다. 그랬더니 이번에는 영국 학생이 그건 헨델의 곡이라고 알려주었습니다. 당황하여 어쩔 줄 모르고 서 있는 윤성범을 보고 이번에는 미국 학생이 한국에는 성탄 노래가 없느냐고 꼬집어 물었습니다. 자존심이 상한 윤성범은 한국에 성탄 찬양이 너무 많아 뭘 부를지 생각해 봐야 한다며 자기 순서를 미루고는 고민하기 시작했습니다.

다시 순서가 되자 생각나는 곡이 없던 윤성범은 즉흥적으로 아리랑 선율에 찬송 가사를 붙여 불렀습니다.[15]

괴로운 인생길 가는 몸이
평안히 쉴 곳이 아주 없네.
걱정과 고생이 어디는 없으리.
돌아갈 내 고향 하늘나라.

거기 있던 외국 친구들은 흠칫 놀랐습니다. 한국 노래가 기대 이상으로 멋있다고 생각한 것입니다. 그런데 찬양의 곡조가 아닌 〈아리랑〉에 하나님을 찬송하는 가사를 붙여도 괜찮은 걸까요? 사실 가사를 제외한 음악 자체는 악한 것과 선한 것으로 나눌 수 없습니다. '기독교적 코드 진행'이라는 것이 따로 존재하지 않기 때문입니다. 그러나 가사는 선함과 악함이 구분됩니다. 멜로디보다 중요한 것은, 하나님이 보시기에 선한 가사로 찬양하는 우리의 심령입니다.

정작 한국인은 우리 민요 〈아리랑〉 멜로디로 하나님을 찬양하지 않지만, 세계 곳곳의 성도들이 이 멜로디로 주님을 찬양하고 있습니다. 대표적인 찬송이 〈그리스도여, 당신은 하나님의 형상이시니〉(Christ, You Are the Fullness)입니다. 〈아리랑〉 곡조로 된 이 찬송은 1990년 발행된 『미국 장로교찬송가』(346장)뿐 아니라 『크리스천 개혁교회찬송가』(229장) 등 여러 나라의 찬송가책에 실려 있습니다.[16)

〈아리랑〉에 찬송 가사를 붙인 사람은 미국인 버트 폴만(Bert Polman)입니다. 1975년 폴만 교수는 바이러스에 감염되어 목소리를 거의 잃었습니다. 그 후로 그는 사람들에게 속삭이듯 말할 수밖에 없었습니다. 그런 장애도 하나님의 일을 하고자 하는 그의 열정을 막지는 못했습니다.

어느 날, 폴만 교수가 한국 민요 〈아리랑〉을 듣게 되었습니다. 그는 아름다운 멜로디에 매료되어 그 곡에 좋은 가사를 붙여 세계인이 부를 찬송을 만들어야겠다는 생각이 들었습니다. 폴만 교수는 골로새서 말씀이 〈아리랑〉의 선율과 어울린다 생각하고, 그 말씀으로 가사를 써내려갔습니다.

그리스도여, 당신은 하나님의 형상이시니
Christ, You are the fullness of God,

모든 피조물보다 먼저 나신 분이십니다.
first born of everything.

모든 것은 당신에 의해 창조되었기에
For by You all things were made;

당신이 모든 것을 지탱하십니다.
You hold them up.

당신은 교회의 머리시며
You are head of the church,

교회는 당신의 몸입니다.
which is your body.

죽은 사람 가운데서 제일 먼저 살아나신
First born from the dead.

당신은 만물 가운데서 으뜸이십니다.
You in all things are supreme!

찬송의 1절은 예수님의 본질에 대해 선포합니다(골 1:15-18). 2절은 주님 안에 있는 성도들의 성별된 삶에 대해 이야기합니다. 위의 것을 생각하고 땅의 것을 생각하지 말라고 권면하며, 우리도 주님과 함께 영광 가운데 나타날 것을 확증합니다(골 3:2-4). 3절은 성도들이 주님의 말씀 가운데 피차 가르치며, 권면하고, 감사하는 마음으로 하나님을 찬양할 것을 가르칩니다(골 3:16-17).

폴만은 그때를 이렇게 회고했습니다. "1986년, 찬송가 편찬위원회는 미국과 캐나다 전역에서 온 열두 명의 위원과 편집위원장으로 구성되었습니다. 그때 저는 편찬위원회에 〈아리랑〉의 선율에 제가 쓴 가사를 붙인 곡을 새로운 찬송가로 추천했지요. 투표하니 위원들이 만장일치로 찬성했습니다." 이렇게 해서 이국적인 아름다움을 지닌 선율과 성경적인 가사가 어우러진 찬송이 세상에 공개되었습니다.

30 교만 테스트

세계적인 경제전문지 《포브스》(Forbes)가 선정한 역대 최고 부자 1위는 존 록펠러입니다. 100년 전쯤 그는 지금 가치로 약 318조 원의 순자산을 소유하고 있었습니다. 미국에서 생산되는 석유의 95퍼센트를 손에 쥐고 있던 록펠러는, 미국의 석유사업을 독점했다는 이유로 사람들 사이에서 악명이 높았습니다.

어느 날 25억 원짜리 수표가 한 목사의 연구실에 도착했습니다. 보낸 이는 석유 재벌 록펠러였습니다. 해외선교를 위해 사용하라며 기부금을 보낸 것이었습니다. 그런데 수표를 바라보던 목사는 화가 치미는 듯 얼굴이 붉으락푸르락하더니 이렇게 소리쳤습니다. "더러운 돈! 더러운 돈!" 독점적 지위를 이용해 작은 기업들을 무너뜨리는 악랄한 사업가의 돈은 결단코 선교에 사용할 수 없다고 생각한 것입니다.

이 어마어마한 돈을 거절한 목사는 워싱턴 글래든입니다. 11년간 목회한 글래든 목사는 사회개혁운동에 참여하기 위해 목회를 중단하고 뉴욕의 시사주간지 《인디펜던트》(The Independent)의 편집자로 일했습니다. 그는 록펠러를 공격하는 기사뿐 아니라 사회의 여러 어두운 단면을 들추는 기사로 미국 사회에 경종을 울렸습니다. 그의 활약으로 수백억 원을 빼돌린 미국 정치가 윌리엄 트위드가 체포되기도 했습니다.

사회운동에 참여하다 보니 글래든 목사에게는 많은 어려움이 뒤따랐습니다. 우선 록펠러가 하사한 돈을 거부했다는 사실을 알아낸 동료 목사들이 그에게 등을 돌렸습니다. 그가 섬기던 교인들도 그에게 싸늘한 눈길을 보냈습니다. 이 세상에 자기 편이 한 사람도 없는 것 같아 낙심될 때, 글래든 목사는 하나님께 간절히 기도했습니다. 그 기도문이 바로 〈겸손히 주를 섬길 때〉입니다.

겸손히 주를 섬길 때 괴로운 일이 많으나
구주여 내게 힘 주사 잘 감당하게 하소서.

46세가 된 글래든 목사는 한적한 오하이오에 정착하여 다시 목회를 시작했습니다. 그 후로 34년 동안 멈추지 않고 자신의 기도처럼 겸손히 한 교회만을 섬겼습니다.

1 당신은 관심을 많이 받고 싶어합니까?   Yes ☐   No ☐

어떤 사람들은 아주 지대한 관심을 요구합니다. 교만한 사람은 항상 자기가 주인공이
기를 원합니다.

2 당신은 성공한 사람들을 질투하거나 비판합니까?   Yes ☐   No ☐

어떤 사람들은 성공한 사람을 별 이유 없이 비판합니다. 교만한 사람은 잘나가는 사람
을 인정하지 못하고 부러워하며 질투합니다.

3 당신은 항상 이겨야만 합니까?   Yes ☐   No ☐

어떤 사람들은 심지어 보드게임을 할 때도 편법을 씁니다. 교만한 사람은 패배를 인정
하지 않으려 하기 때문에 사소한 것에도 절대 지려고 하지 않습니다.

4 당신은 자주 거짓말을 합니까?   Yes ☐   No ☐

당신이 거짓말을 안 한다고 하면, 그것이 바로 거짓말입니다. 교만한 사람은 사람들에
게 실제 자신보다 더 나은 사람처럼 보이고 싶어서 거짓말을 합니다.

5 당신은 자신이 잘못했다는 것을 쉽게 인정하지 못합니까?   Yes ☐   No ☐

어떤 사람은 자신의 잘못을 모두 들켜야만 인정합니다. 또 들키더라도 잘못을 쉽게 인
정하지 못합니다.

6 당신은 다른 사람들과 자주 다툽니까?   Yes ☐   No ☐

교만한 사람끼리 모였을 때는 툭하면 싸움이 납니다. 겸손한 사람들끼리 싸우는 경우
는 아주 드뭅니다.

7 당신은 마트, 공항, 도로 등에서 새치기를 합니까? Yes ☐   No ☐

어떤 사람들은 운전할 때 갓길을 타고 차선 맨 앞으로 가서 끼어듭니다. 왜일까요? 방금 지나친 사람들보다 자기가 더 중요하다고 생각하기 때문입니다.

8 당신은 사람들이 당신의 업적을 인정해 주지 않으면 화가 납니까?

Yes ☐   No ☐

겸손한 사람은 사람의 칭찬이 아닌 예수님의 칭찬을 기대합니다.

9 당신은 뭔가를 받을 자격이 있다고 생각합니까? Yes ☐   No ☐

겸손한 사람은 이렇게 말합니다. "저는 지옥에 갈 자격밖에 안 됩니다. 모든 것은 선물입니다. 주님, 무엇을 주시든지 감사합니다."

10 당신은 솔직히 자신이 남보다 우월하다고 느낍니까? Yes ☐   No ☐

'나는 웬만한 사람들보다 똑똑해.' 교만한 사람은 자기가 남보다 잘났다고 생각합니다.

이제 점수를 매겨봅시다. 답이 'Yes'이면 문제당 1점, 'No'이면 0점입니다. 합산 점수가 1~10점이라면 당신은 교만한 사람입니다. 그리고 혹시 0점이라면 매우 교만한 사람이랍니다.

예수님은 말씀하십니다. "자신을 높이는 사람은 낮아지고, 자신을 낮추는 사람은 높아질 것이다"(눅 14:11, 쉬운성경).

31 제발 저를 위해 기도해 주세요

미국의 다니엘 휘틀(Daniel Whittle)은 평온한 환경에서 어머니의 사랑을 듬뿍 받으며 자랐습니다. 그러다 그의 나이 21세에 남북전쟁이 터졌습니다. 건장한 청년 휘틀은 갑작스럽게 군에 입대하게 되었습니다. 휘틀이 전쟁터로 떠날 때 어머니는 작은 성경책을 배낭 속에 넣어주었습니다.

전쟁 중 작전에 참가한 휘틀은 총격전이 심했던 빅스버그 전투에서 총에 맞아 오른팔을 절단하게 되었습니다. 군병원으로 후송된 휘틀은 어머니가 배낭에 넣어주었던 신약성경을 읽기 시작했습니다. 조용한 병실에 앉아서 읽으니 예전과 다르게 말씀이 흥미로워지기 시작했습니다. 예수님과 전혀 상관없이 살았던 휘틀은 어렴풋하게나마 그리스도를 통한 구원의 길을 알게 되었습니다.

어느 밤 자정쯤 되었을 때, 당직 간호사가 휘틀을 급히 깨웠습니다. 죽어가는 한 청년이 기도를 요청하니 도와달라는 것이었습니다. 휘틀은 자기는 기도할 자격이 없는 사람이라며 완강히 거절했습니다. 그러나 간호사는 평소에 휘틀이 성경 읽는 모습을 봐왔기에 분명 도움을 줄 수 있으리라 확신하고는 막무가내로 그의 팔을 끌어당겼습니다.

휘틀은 간호사를 따라 청년이 있는 병동으로 갔습니다. 23세도 채 안 돼 보이는 앳된 청년이 견딜 수 없는 고통으로 신음하고 있었습니다. 청년은 휘틀을 바라보고 속삭였습니다. "제발 저를 위해 기도해 주세요. 저는 부모님을 따라 교회에 다녔어요. 제가 주일학교를 다닐 때만 해도 착한 아이가 되려고 노력했었는데, 군인이 되고 나서부터는 나쁜 것들만 즐겨했어요. 이렇게 그냥 죽을 수는 없어요. 제발 저를 구원해 달라고 하나님께 기도해 주세요."

휘틀은 용기를 내어 예수님이 우리를 위해 십자가에서 돌아가신 것을 설명하고는 이것을 믿느냐고 물었습니다. 청년은 고개를 끄덕였습니다. 휘틀은 청년의 손을 잡고 회개와 감사의 기도를 드렸습니다. 그리고 눈을 떠보니 청년은 이미 평안히 숨을 거둔 상태였습니다.

이 일은 휘틀에게 두고두고 잊을 수 없는 사건이 되었습니다. 군대를 제대한 후에도 그는 하나님의 인도하심을 믿으며 늘 하나님께 귀를 기울였습니다. 휘틀은 무디가 인도하는 부흥집회에 참석하여 은혜를 받고는 사역자의 길을 걷기로 결심했습니다. 하나님은 그를 무디의 동역자로 세워주셨습니다.

1893년 시카고에서 세계박람회가 열리고 있을 때였습니다. 휘틀은 런던 출신의 평신도 설교자인 헨리 발리(Henry Varley)를 만나 이야기를 나누고 있었습니다. 발리는 애니 혹스(Annie Hawks)가 지은 찬송 〈주 음성 외에는〉의 원어 가사 중에 "매시간 주님이 필요해요."라는 구절이 마음에 들지 않는다고 말했습니다. 그런데 그 말은 듣던 휘틀에게는 '매순간'이라는 말이 감동으로 밀려왔습니다. '그렇지. 우리는 한순간도 주님의 도움 없이 살 수 없지.' 그때 휘틀은 '매순간 나는 주의 사랑에 잡혀있네.'라는 짧은 글을 썼습니다. 그 구절을 가지고 완성시킨 찬송이 〈구주와 함께 나 죽었으니〉입니다.[18]

예수와 함께 죽는 것은 나를 깨닫게 했네.
  Dying with Jesus, by death reckoned mine;

예수와 함께 사는 것은 신성한 새로운 삶이네.
  Living with Jesus, a new life divine;

영광이 찬란히 빛날 때까지 예수님을 바라보네.
  Looking to Jesus till glory doth shine,

오 주여, 나는 매순간 당신의 것입니다.
Moment by moment, O Lord, I am Thine.

매순간 나는 주의 사랑에 사로잡혀있네.
Moment by moment I'm kept in His love;

매순간 난 하늘로부터 오는 생명을 가지고 있네.
Moment by moment I've life from above;

영광이 찬란히 빛날 때까지 예수님을 바라보네.
Looking to Jesus till glory doth shine;

오, 주여 나는 매순간 당신의 것입니다. (찬송 원문)
Moment by moment, O Lord, I am Thine.

"나는 그리스도와 함께 십자가에서 죽었습니다. 이제는 내가 사는 것이 아니라, 내 안에 계신 그리스도께서 사시는 것입니다." (갈 2:20, 쉬운성경)라는 바울의 고백처럼 우리는 매순간 주님이 함께하심에 감격하여 주님만 바라보아야 합니다.

이 찬송의 작곡자는 휘틀의 딸 메이(May)입니다. 메이는 나중에 세계적인 부흥전도자 무디의 며느리가 되었습니다. 두 가문이 힘을 모아 복음을 전한 것입니다. 메이는 음악적 재능이 뛰어나 무디와 휘틀이 인도하는 부흥집회에서 솔리스트로 섬겼습니다.

32 반전의 왕, 예수

예수님의 승전가인 〈무덤에 머물러〉를 지은 로버트 로우리 (Robert Lowry) 목사는 미국 필라델피아에서 태어났습니다. 1854년 28세에 루이스버그대학교를 졸업하고, 목사 안수를 받아 침례교 목사가 되었습니다. 로우리 목사는 웨스트체스터침례교회 (1854-1858)를 시작으로 뉴욕(1859-1861), 브루클린(1861-1869), 루이스버그(1869-1875) 그리고 뉴저지 지역에서 목회했습니다. 잠시 모교인 루이스버그대학교로 돌아와 문학을 가르치기도 했지만, "나는 찬송 작사가보다는 설교자로 기억되기 원한다"고 말할 정도로 설교단을 사모하여, 다시 섬기던 교회로 돌아가 복음 증거에 평생을 바쳤습니다.

로우리 목사가 브루클린에서 목회할 때, 미국에 남북전쟁 (1861-1865)이 발발했습니다. 남북전쟁으로 많은 젊은이가 전쟁터에서 죽었고, 어린이와 노인들이 전염병으로 죽어갔습니다. 로우리 목사는 고통에 몸부림치며 괴로워하는 교인들을 돌아보며 지쳐있었습니다. 그때 하늘의 환상을 보았습니다.

그것을 계기로 로우리 목사는 40세 때부터 찬송을 지어, 지쳐있는 교인들을 위로하며 천국의 소망을 갖도록 도왔습니다. 1874년에 지은 〈무덤에 머물러〉는 우리의 소망이 세상이 아니라 천국에 있음을 말해 줍니다. 이 곡의 원문은 사망 권세를 이기고 승리하신 반전의 왕 예수님을 찬양합니다.

무덤의 낮은 곳에 누워있네, 나의 구주 예수님.
Low in the grave He lay, Jesus my Savior,

날이 밝기를 기다리며, 예수 나의 주님.
Waiting the coming day, Jesus my Lord!

그는 무덤에서 살아나셨네.
Up from the grave He arose,

적들을 강력히 무찌르고
With a mighty triumph over His foes,

어둠의 세력으로부터 승리하여 그는 살아나셨네.
He arose a Victor from the dark domain,

인류역사상 최고의 반전은 예수님의 부활사건입니다. 예수님이 십자가 위에서 손과 발에 못 박히고 물과 피를 다 쏟으시는 모습은 사람들에게 슬픔과 절망을 안겨주었습니다. 그 광경을 지켜보던 사람들은 실낱같은 소망조차 모두 사라졌다고 생각했습니다. 그러나 예수님은 죽으셨다가 3일 만에 살아나셨습니다.

〈무덤에 머물러〉는 죽음을 이긴 인류 최초의 승전가입니다. 예수님은 어둠 속에서 슬그머니 부활하지 않으셨습니다. 동트는 새벽을 기다렸다가 영광스럽게 부활하셨습니다. 예수님은 자신의 죽음을 조롱하고 비웃던 어둠의 권세를 물리치고 완전히 승리하셨습니다. 상식적으로 일어날 수 없는 완전한 반전이 일어난 것입니다. 예수님의 반전은 뒤집을 수 없는 완벽한 승리였습니다. 그래서 주님을 따르는 우리는 죽음의 권세를 이기고 무덤에서 살아나신 예수님과 함께 빛나는 천국에서 영원히 살 수 있습니다.

그리스도인에게는 죽음에서 3일 만에 부활하신 예수님 외에는 아무것도 필요하지 않습니다. 그러므로 세상이 주는 헛된 복에 관심을 쏟을 것이 아니라, 그리스도 안에서 진정한 기쁨을 누려야 합니다. 오직 주님만이 우리를 완전히 만족시키십니다. 예수님을 아는 것 외에 삶의 어떤 경험도 우리의 행복 욕구를 채울 수 없습니다. 오직 부활하신 주님을 믿는 것만이 행복의 열쇠입니다.

다윗은 "내가 사망의 음침한 골짜기를 다닐지라도 해를 두려워하지 않을 것은 주께서 나와 함께 하심이라"(시 23:4)고 고백했습니다. 이 말은 곧 우리는 사망의 골짜기를 다닐 수밖에 없다는 뜻입니다. 그러나 부활하신 주님이 언제나 우리와 동행하시기 때문에 우리에게는 두려움이 없습니다.

마르틴 루터도 찬송 〈내 주는 강한 성이요〉에서 '옛 원수 마귀는 모략과 권세로 무기를 삼으니 천하에 당할 자가 없다'고 마귀의 힘을 인정합니다(1절). 그러나 곧이어 '힘 있는 장수 예수님이 우리를 대신하여 싸워서 승리를 가져온다'고 고백합니다(2절).

예수님은 "나는 부활이요 생명이니 나를 믿는 자는 죽어도 살 것"(요 11:25)이라고 말씀하십니다. 사도 바울은 우리가 예수님처럼 부활할 때의 상황을 이렇게 설명합니다. "우리는 다 잠잘 것이 아니라 변화될 것입니다. 마지막 나팔 소리가 울릴 때, 눈 깜짝할 사이에 죽은 자들이 썩지 않을 몸으로 다시 살아나며, 우리는 변화될 것입니다"(고전 15:51-52, 쉬운성경).

33 네안데르탈인

독일 어느 마을에 5대째 목사를 배출한 집안에서 아들이 태어났습니다. 부모는 이 아들에게 요아힘 네안데르(Joachim Neander)라는 이름을 지어주고 사랑과 격려로 키웠습니다. 그런데 아들의 마음은 삐딱하게 꼬여서 교회는 물론이고 예수님까지 극도로 싫어했습니다.

소년이 된 네안데르는 어느 주일, 친구들을 모아 동네에서 유명한 상트마르티니교회를 쳐들어갔습니다. 교인들을 괴롭히고, 예배당을 난장판으로 만들 심산이었습니다.

교회 문을 박차고 들어가니 마침 설교 시간이었습니다. 그날은 테오도르 목사가 설교를 하고 있었습니다. 네안데르는 조금만 참고 들어보기로 했습니다. 설교자는 섬세한 언어로 예수님이 누구인지를 설명했습니다. 그런데 이상하게도 그날따라 목사님의 말 한 마디 한 마디가 예수라면 질색하던 네안데르의 마음에 쏙쏙 들어와 꽂혔습니다.

설교를 듣다 보니, 지금까지는 부모님의 억지소리로만 들리던 예수님의 이야기가 생생한 진리로 다가왔습니다. 그렇게 네안데르의 마음이 조금씩 열리기 시작했습니다. 그러고는 곧 예수님과 사랑에 빠졌습니다. 몇 년 후, 네안데르는 자기가 행패를 부리러 들어갔던 바로 그 교회의 설교자가 되어 있었습니다.[19]

네안데르는 항구도시 뒤셀도르프에서 학교 선생으로도 재직했습니다. 과중한 업무 탓에 스트레스를 많이 받았는데, 그럴 때면 학교에서 조금 떨어진 계곡으로 산책을 나갔습니다. 산책은 하나님과 대화하며 쉼을 갖는 소중한 시간이었습니다. 한번 산책하러 나가면 몇 시간씩 계곡을 서성거리며 사색에 잠겼습니다.

네안데르는 30세 때 폐결핵을 앓았습니다. 병세가 심각했지만 그래도 산책을 빼놓지는 않았습니다. 아픈 몸을 일으켜 계곡으로 나가보니, 그날따라 그곳이 놀라울 정도로 웅장하게 느껴졌습니다. 계곡의 빼어난 경치에 매료되어 창조주 하나님에 대한 깊은 경외감마저 들었습니다.

하나님께 압도된 네안데르는 오래 전 다윗이 지은 시편 103편을 읊조렸습니다. 시편을 묵상하던 네안데르는 온 몸과 마음으로 거룩하신 하나님을 송축하고 싶어졌습니다. 그 순간 마음속 깊은 곳에서부터 시상이 떠오르기 시작했습니다. 네안데르는 즉시 노트에 찬송시를 적어 내려갔습니다.

> 다 찬양하여라,
>
> 전능왕 창조의 주께.
>
> 내 혼아 주 찬양,
>
> 평강과 구원의 주님.
>
> 성도들아 주 앞에 이제 나와,
>
> 즐겁게 찬양하여라.

폐결핵을 앓던 네안데르는 〈다 찬양하여라〉를 남기고 그 해에 생을 마감했습니다. 사람들은 그가 뒤셀도르프 근교의 계곡을 대단히 사랑했다는 것을 알고, 그의 이름을 따서 그 계곡을 '네안데르 계곡'이라 불렀습니다.

170여 년이 지난 1856년, 네안데르 계곡은 석회석을 캐는 광산이 되었습니다. 채광 작업을 하던 광부들은 동굴에서 인간의 뼈를 발견했는데, 그것이 과학계에 큰 파장을 가져왔습니다. 그곳에서 발견된 인골들은 현대인과는 골격이 약간 달라서, 유인원이 인간으로 진화했다는 이론의 근거로 추정되었기 때문입니다.

지질학자 윌리엄 킹(William King) 박사는 거기서 발견된 인골의 주인을 '네안데르탈인'이라고 이름 지었습니다. 창조주를 찬양한 요하임 네안데르의 이름이 후세에 진화론을 뒷받침하는 용어로 알려진 것이지요.

하나님은 6일 동안 우주와 인간을 단번에 창조하셨습니다. 네안데르탈인은 원숭이와 인간 사이의 연결고리가 아니라 하나님이 창조하신, 우리 같은 인간입니다.

창조주 하나님을 마음껏 찬양하던 요하임 네안데르의 이름이, 그가 절대 동의하지 않았을 진화론을 뒷받침하는 인골의 이름에 사용되었다니, 이런 모순도 없습니다.

34 예수님이라면 어떻게 하실까?

사랑이 깊어지면 서로 닮아간다고 합니다. 예수님을 주인으로 모신 성도는 예수님을 닮고 싶어합니다. 예수님과 사랑에 빠진 한 청년은 예수님을 따라하고 싶어 언제나 자신에게 물었습니다. '예수님이라면 어떻게 하실까?' 이 청년의 이름은 토마스 치솜 (Thomas Chisholm)입니다.

그는 미국 켄터키에서 가난한 농부의 아들로 태어났습니다. 어려웠던 가정형편 때문에 겨우 중학교 과정만 마치고, 독학으로 16세에 모교의 교사가 되었습니다. 어렵게 교사가 되었지만 건강이 좋지 않아 교사를 그만둘 수밖에 없었습니다. 치솜은 그 후에도 신문 편집인, 목회자, 보험설계사 등 여러 직업을 거쳤습니다. 치솜이 직업을 자주 바꾼 것은, 어떤 직업을 가져도 꾸준히 할 수 없을 정도로 건강이 좋지 않았기 때문입니다.

치솜은 27세에 고향의 주간신문 〈프랭클린 페이버릿〉(Franklin Favorite) 편집인으로 일했습니다. 어느 날 부흥강사 헨리 모리슨(Henry Morrison)이 인도하는 집회에 참석했는데, 치솜은 모리슨이 전하는 말씀에 사로잡혀 그때부터 예수님을 믿기 시작했습니다. 그러고는 이왕 주님을 믿는 거면 철저히 성경대로 살아보기로 작정했습니다. 바울이 "내가 그리스도를 본받는 자 된 것 같이 너희는 나를 본받는 자 되라"(고전 11:1)고 했듯, 치솜도 예수님을 본받아 그분의 참 제자가 되고 싶었습니다.

그때부터 치솜은 행동하기 전에 마음속으로 이렇게 물었습니다. '예수님이라면 어떻게 하실까?' 치솜은 예수님의 관점으로 세상을 바라보기 시작했습니다. 예수님과 사랑에 빠졌으니 예수님을 닮아야 한다고 생각한 것입니다. 그런 소망을 고스란히 써내려간 것이 〈내 모든 소원 기도의 제목〉입니다.

오, 복 되신 구세주여, 주님을 닮는 것
Oh! to be like Thee, blessed Redeemer,

이것이 변함없는 나의 소원이며 기도입니다.
This is my constant longing and prayer;

이 땅의 보화 모두 기쁘게 포기하겠습니다.
Gladly I'll forfeit all of earth's treasures,

예수님, 당신을 온전히 닮기 위하여.
Jesus, Thy perfect likeness to wear.

오! 주님을 닮는 것, 오! 주님을 닮는 것
Oh! to be like Thee, oh! to be like Thee,

복 되신 주님처럼 순수하게 되는 것
Blessed Redeemer, pure as Thou art;

달콤하고 충만하게 오셔서
Come in Thy sweetness, come in Thy fullness;

내 마음속에 주님의 형상을 깊이 새겨주옵소서. (찬송 원문)
Stamp Thine own image deep on my heart.

이 찬송은 예수님의 성품인 사랑, 긍휼, 겸손, 거룩, 온유, 인내, 희생을 닮기 원한다고 구체적으로 고백합니다. 특히 후렴에서는 복 되신 주님처럼 순수하게 되기를 소망하고 있습니다. 마지막 부분은 자기 마음에 주님의 형상을 깊이 찍어달라는 마음을 담아 간절히 기도합니다.

우리는 거룩하신 주님을 날마다 닮아가야 합니다(벧전 1:15-16). 우리 삶의 순간순간이 모여 거룩한 삶을 이루기 때문입니다. 그러나 안타깝게도, 인간은 타고난 죄성 때문에 결코 예수님을 완전하게 닮을 수 없습니다. 그래도 우리는 기쁜 맘으로 끊임없이 노력해야 합니다.

릭 워렌(Rick Warren) 목사는 그의 저서 『목적이 이끄는 삶』에서 영적 성장에 게으른 그리스도인들에 대해 이렇게 경고합니다.

하늘에 계신 아버지가 우리에게 가지고 계신 목표는 우리가 성숙해서 예수 그리스도와 같은 성품을 갖는 것이고, 사랑과 겸손의 섬김의 삶을 사는 것이다. 하지만 슬프게도 수많은 크리스천들이 나이는 들지만 성장하지 않는다. 영적으로 계속 기저귀를 차고 젖병을 빨며 영적 유아 상태에 머물러 있다. 왜냐하면 그들이 성장하려고 의도한 적이 없었기 때문이다. 영적인 성장은 자동으로 이루어지는 것이 아니다. 의도적인 헌신이 필요하다. 성장하기를 원하고, 성장해야겠다고 결정하고, 성장을 위해 노력하고, 성장을 위해 몸부림쳐야 한다.[20]

이처럼 예수님을 닮아가기 위해서는 끊임없이 노력해야 합니다. 그래서 사도 바울은 성도들에게 무엇에든지 참되며, 경건하며, 옳으며, 정결하며, 사랑받을 만하며, 칭찬받을 만하며, 덕스러운 일을 하라고 권면합니다(빌 4:8). 치솜 목사는 일을 할 수 없을 정도로 몸이 약했지만, 그 가운데서도 최선의 삶을 살았습니다. 94세의 나이로 세상을 떠날 때까지 1,200여 편의 찬송시를 쓰며 주님을 닮기 위해 끊임없이 노력했습니다.

예수님에 대한 그의 사랑 고백은 우리의 고백이 되어야 합니다. "오, 주님! 주님 닮기를 간절히 원합니다. 제게 주님의 성품을 허락해 주소서!"

작사_프랜시스 리들리 하버갈(Frances Ridley Havergal, 1836-1879)
작곡_볼프강 아마데우스 모차르트(Wolfgang Amadeus Mozart, 1756-1791)

· · ·

1. 나의 생명 드리니 주여 받아주셔서,
   세상 살아갈 동안 찬송하게 하소서.

2. 손과 발을 드리니 주여 받아주셔서,
   주의 일을 위하여 민첩하게 하소서.

3. 나의 음성 드리니 주여 받아주셔서,
   주의 진리 말씀만 전파하게 하소서.

4. 나의 보화 드리니 주여 받아주셔서,
   하늘나라 위하여 주 뜻대로 쓰소서.

5. 나의 시간 드리니 주여 받아주셔서,
   평생토록 주 위해 봉사하게 하소서.

35 5일간의 기적

외출하기 위해 지갑을 찾고 있었습니다. 어디다 두었는지 도무지 생각이 나지 않았습니다. 집안을 한참 뒤지고 있는데 갑자기 아차 싶었습니다. 알고 보니 그토록 찾아 헤매던 지갑을 겨드랑이에 끼고 있었습니다. 많은 사람이 이와 비슷한 경험을 해보았을 것입니다. 우리는 행복하기 위해 필요한 모든 것을 이미 가지고 있는데도, 이 엄청난 보화를 보지 못하고 헛된 곳에서 만족을 찾으려 할 때가 많습니다.

측량할 수 없이 광대하신 하나님이 존재하십니다. 그분은 지금도 하늘나라에서 셀 수 없이 많은 천사에게 둘러싸여 찬송을 받고 계십니다. 그런데 그 크신 하나님이 이 작은 지구에 오셔서 나 같은 죄인을 위해 십자가에 못 박히셨습니다. 이것은 정말 말도 안 되는 사랑입니다. 절대자가 주는 최고의 사랑을 받은 우리는 이제 더 이상 행복과 만족과 삶의 의미와 자아를 찾으러 이곳저곳을 헤맬 필요가 없습니다. 예수님 안에서 이미 모든 것을 가졌기에 그 사실을 알고 즐거워하면 됩니다.

영국인 프랜시스 하버갈(Frances Havergal)은 아주 독특한 여성이었습니다. 히브리어와 헬라어에 능통해 원어 성경을 막힘 없이 읽을 수 있었고, 시편과 이사야 그리고 신약성경 대부분을 외우고 있었습니다. 그리고 성악과 피아노 연주 실력도 아주 수준급이었습니다. 게다가 시를 탁월하게 짓는 작가이기도 했습니다.

그런데 많은 재능을 가진 하버갈은 가장 중요한 것을 놓치고 있었습니다. 바로 하나님이었습니다. 하버갈은 어릴 적부터 자신이 그리스도인이라 생각하며 살아왔지만, 마음 한구석에는 언제나 채워지지 않는 텅 빈 자리가 있었습니다. 그래서 갖가지 보석을 모아보기도 하고, 높은 지식을 쌓아보기도 했습니다. 그러나 채워도 채워도 공허함은 깊어만 갔습니다.

36세 때, 하버갈은 『모든 것을 예수님께』(All for Jesus)라는 책을 선물 받았습니다.[21] 그 작은 책을 통해 오직 하나님만이 마음속 깊은 공허함을 완전히 채울 수 있다는 사실을 깨달았습니다. 하버갈은 최고의 행복과 기쁨과 만족을 주시는 하나님께 삶의 전부를 드리고 싶었습니다.

얼마 지나지 않아 하버갈은 5일 동안 아릴리 하우스(Areley House)라는 곳을 방문하게 되었습니다. 그 집에는 열 명이 살고 있었는데, 몇 명은 아직 예수님을 믿지 않았고, 몇 명은 믿긴 하지만 열정을 잃은 상태였습니다. 예전의 자신 같은 그들을 보며 하버갈은 기도했습니다. "주님, 이 집을 제게 맡겨주세요." 그리고 그곳에 머무는 동안 그들에게 하나님을 향한 사랑이 활활 타오르기를 사모하며, 그리스도가 이루신 일을 생생하게 전했습니다.

5일 후 하버갈이 떠날 때는 그 집에 사는 사람들이 모두 그리스도를 향한 열정을 갖게 되었습니다. 떠나기 전날 밤이었습니다. 침대에 누운 하버갈은 은혜를 부어주신 하나님에 대한 감사와 기쁨을 주체할 수가 없었습니다. 심장이 쿵쾅거려 도저히 잠을 이룰 수가 없었습니다. 그날 밤 하버갈은 밤을 새우며 하나님을 경배했습니다.

한참 찬양하다 보니 마음속에 찬송이 새록새록 떠오르기 시작했습니다. 그리하여 그날 밤 하버갈은 세계적으로 널리 불리는 찬양 〈나의 생명 드리니〉를 완성했습니다.[22]

> 나의 생명 드리니 주여 받아주셔서,
> 세상 살아갈 동안 찬송하게 하소서.
> 손과 발을 드리니 주여 받아주셔서,
> 주의 일을 위하여 민첩하게 하소서.

하버갈은 이 찬송을 통해 손, 발, 목소리, 보화, 시간뿐 아니라 생명까지도 하나님께 드리겠다고 고백했습니다. 그리고 그대로 실천했습니다. 우선 자신의 목소리로 세상 노래 부르기를 그만두고, 하나님을 찬송하는 노래만 부르기 시작했습니다. 그리고 가지고 있던 보석을 모두 선교단체에 기부했습니다.

하버갈은 아까워하면서 마지못해 드리지 않았습니다. 세상 사는 동안 복을 더 받기 위해 드린 것도 아닙니다. 구원의 생명수를 마시고 깊은 갈증이 해소된 기쁨으로 드린 것입니다. 우리가 하나님께 뭔가 드린다면 그것은 거저주신 하나님의 크신 사랑에 대한 반응일 뿐입니다.[23]

하버갈이 병들어 생애 마지막 때가 가까울 무렵, 의사가 말했습니다. "이제 몸이 너무 쇠약해지셨습니다. 마음의 준비를 하셔야겠습니다." 그러자 하버갈은 "주님이 계신 천국과 가까워지니 참 기뻐요." 하며 미소를 지었습니다. 하버갈은 하나님의 사랑에 끊임없이 감격하며 살다가 43세에 하나님의 품에 안겼습니다.

36 손잡이 없는 문

옥스퍼드 키블대학 예배당에는, 등불을 든 예수님이 문 밖에서 노크하시는 모습의 그림이 걸려 있습니다. 그런데 예수님이 노크하시는 문에는 손잡이가 없습니다. 또 문은 굳게 닫혀있고, 주위는 칠흑같이 어두우며, 잡초와 담쟁이덩굴이 무성해 굉장히 쓸쓸하게 느껴지기까지 합니다. 그런 곳에서 예수님은 문 밖에 홀로 서서 문을 열어주기만을 기다리고 계십니다. 이 그림은 영국의

윌리엄 헌트(William Hunt)가 그린 〈세상의 빛〉(*The Light of the World*)
이라는 작품입니다.

문에 손잡이가 없는 것을 보고 사람들은 미완성 작품이거나 화
가의 실수라고 비평했습니다. 그러나 헌트는 이렇게 설명했습니
다. "나는 의도적으로 그렇게 그렸어요. 그리고 그것은 인간의 자
유의지를 상징적으로 표현한 것이지요." 굳게 닫힌 우리의 마음
에 예수님이 들어오시도록 스스로 마음의 문을 열어야 한다는 의
미입니다.

> 볼지어다 내가 문 밖에 서서 두드리노니 누구든지 내 음성을 듣
> 고 문을 열면 내가 그에게로 들어가 그와 더불어 먹고 그는 나와
> 더불어 먹으리라(계 3:20).

많은 사람이 비평하는 이 그림을 보고 감동받은 한 사람이 있
었습니다. 헌트와 같은 시대를 살던 영국의 윌리엄 하우(William
How)입니다. 슈르즈베리에서 태어난 하우는 옥스퍼드대학에서
신학을 공부하고, 영국국교회 목사로 임명되어 목회를 하고 있었
습니다.

풍요로운 환경에서 안정적으로 목회하던 하우 목사는, 어느 날
갑자기 사람들이 가기도 꺼리는 런던의 빈민가로 사역지를 옮기
게 되었습니다. 매우 열악한 환경 때문에 괴로웠지만, 그는 끝까
지 빈민가를 떠나지 않았습니다.

맨체스터 같은 대도시에 있는 교회나 봉급을 두 배 주겠다는

교회에서 청빙을 받기도 했으나, 아내와 의논도 없이 딱 잘라 거절했습니다. 런던 빈민가에서 가난한 자들의 아픔을 싸매주며 그들과 동고동락하기로 마음먹었기 때문이었습니다. 그래서 사람들은 그를 '빈민의 목사'라고 불렀습니다. 다른 목회자와 달리 서민들과 함께 버스를 타고 다녔던 그를 사람들은 '버스 목사'라고도 불렀습니다.

헌트가 그린 〈세상의 빛〉에 감동받은 하우 목사는 그 그림의 사본 하나를 구해 방에 걸어놓고 늘 바라보며 묵상했습니다. 어느 날 하우 목사는 잉겔로우(Jean Ingelow)가 지은 긴 시 「형제들과 한 편의 설교」(*Brothers and a Sermon*)를 읽고 있었는데, 시의 후반부에 이르자 갑자기 섬뜩한 기분이 들었습니다. 하우 목사는 시 읽기를 멈추고 도대체 왜 그런 기분이 드는지 고민했습니다. 얼마 지나지 않아 고민의 답을 찾았습니다. 바로 읽고 있는 시가 벽에 걸려있는 그림의 내용과 딱 맞아떨어졌기 때문입니다.

오, 부하고 강한 자들이여
행복한 젊은이들이여
그대들은 문 두드리는 소리를 듣지 못하는가?
상한 마음이 영원히 떠나기 전에 문을 열어라!

계속해서 시를 읊조리던 그에게 "상한 마음이 영원히 떠나기 전에 문을 열어라!"는 구절이 강하게 다가왔습니다. 하우 목사는 문 밖에서 기다리시는 사랑의 예수님과 심판장으로 오실 공의의 예수님을 동시에 바라본 것입니다. 그는 죄를 뉘우치고 돌아오기를 기다리시는 예수님의 마음을 단숨에 글로 써내려갔습니다.

주 예수 대문 밖에 기다려 섰으나
단단히 잠가 두니 못 들어오시네.
나 주를 믿노라고 그 이름 부르나
문 밖에 세워 두니 참 나의 수치라.

이 찬송은 문 밖에서 기다리고 계신 주님을 외면하는 우리 영혼의 상태를 보여줍니다. 실제로 우리는 그분을 주인이라고 부르면서도, 주님을 문 밖에 세워둔 채 주인 자리를 차지하고 있습니다. 입으로는 주님만 사랑한다고 고백하지만, 마음속으로는 하나님보다 다른 것을 소중하게 여기고 있습니다.

주님은 우리의 죄를 용서하시려고 못 박힌 손으로 문을 두드리고 계십니다. 찬송의 마지막 절처럼 주님은 우리에게 간곡하게 말씀하십니다. "네 죄로 죽은 나를 네가 박대할쏘냐?" 주님께서 우리를 향해 외치시는 처절한 절규입니다. 그리고 이제 시간이 없다는 안타까운 최후통첩입니다.

이제 일어나 문을 열어야 합니다. "나 죄를 회개하고 곧 문을 엽니다. 드셔서 좌정하사 떠나지 마소서." 얼마나 아름다운 고백입니까. 주님은 이 한 마디를 듣기 위해 지금 이 순간에도 우리 마음의 문을 두드리며 기다리십니다.

37 언제나 기분 좋은 청소부

1887년 어느 겨울날, 엘라이자 휴윗(Eliza Hewitt)에게 상상하기조차 싫은 끔찍한 일이 벌어졌습니다. 미국 필라델피아의 고등학교 교사인 휴윗은 문제학생을 상담하고 있었습니다. 문제를 일으킨 학생을 조용히 타이르는데, 갑자기 학생이 자리에서 일어나더니 널빤지를 집어들고는 휴윗을 마구 내리쳤습니다. 스스로 화를 이기지 못한 문제아가 교사를 폭행한 것입니다.

그 일로 휴윗은 척추를 심하게 다쳐 더 이상 교사생활을 할 수 없었고, 평생 장애인으로 살게 되었습니다. 어처구니없는 사고를 당한 휴윗은 분노와 원망으로 가득한 마음을 도저히 다스릴 수가 없었습니다. 교회 주일학교에서는 어린아이들을 섬겼고, 학교에서는 누구보다도 학생들을 사랑으로 보살피며 살아왔는데, 왜 나에게 이런 일이….

휴윗은 오랫동안 상반신에 석고붕대를 감고 있어 대소변도 스스로 해결하지 못했습니다. 치료기간이 길어질수록 짜증은 늘어갔고, 주님을 위해 살려고 노력했던 자신에게 그렇게까지 고난을 주시는 하나님이 원망스럽기만 했습니다.

병원생활이 길어지자 휴윗의 마음은 황폐해졌습니다. 그러던 어느 날, 한 흑인여성이 찬송을 흥얼거리며 병실을 청소하고 있었습니다. 그 모습을 본 휴윗은 짜증 섞인 목소리로 "이봐요, 청소하면서 뭐가 그렇게 좋다고 흥얼거려요!"라고 시비를 걸었습니다. 자신의 고통이 너무 크다 보니 다른 사람이 즐거워하는 모습마저 달갑지 않았던 것입니다.

청소하던 흑인여성은 미소 띤 얼굴로 대답했습니다. "제 환경과 형편은 어렵지만 하나님께서 불평을 찬송으로 바꿀 수 있는 힘을 주셨으니 즐거워요." 이 말을 듣는 순간 휴윗은 수만 볼트의 전기에 감전되는 듯했습니다. 그 말 한마디가 불평으로 가득했던 휴윗을 부끄럽게 만들었습니다. 휴윗은 자신의 교만을 뉘우쳤습니다.

그 후로 죄 없으신 예수님이 죽기까지 그녀를 사랑하셨다는 사실이 또 휴윗을 괴롭혔습니다. 예수님이 "내가 너희를 사랑한 것

같이 너희도 서로 사랑하라"고 하신 말씀을 떠올리며, 휴윗은 사고 이후로 원망과 미움으로 가득했던 삶을 회개했습니다. 그리고 자신이 너무 교만하여 문제학생을 용서하지 못했던 것을 뉘우쳤습니다. 휴윗은 주님 안에서 참 평안을 찾고 원망에서 용서로, 미움에서 사랑으로 마음을 바꾸었습니다. 휴윗은 그 심정을 이렇게 옮겼습니다. "삶의 길을 가며 난 노래하네. 주님을 찬양하고, 주님을 찬양하네!" 휴윗은 불평과 원망으로 점철된 삶이 하나님을 찬양하는 즐거운 노래가 가득한 삶으로 바뀐 경험을 글로 써내려갔습니다. 이것이 〈주 안에 있는 나에게〉라는 찬송의 노랫말이 되었습니다.

내가 믿는 맘으로 예수님께 매달리니,
The trusting heart to Jesus clings,

내게 아무 걱정이 없네.
Nor any ill forebodes,

갈보리의 십자가에서 노래하네.
But at the cross of Calvary, sings,

짐을 들어주신 하나님을 찬양하라.
Praise God for lifted loads!

삶의 길을 가며 난 노래하네.
Singing I go along life's road,

주님을 찬양하고, 찬양하네.
Praising the Lord, praising the Lord,

삶의 길을 가며 난 노래하네.
Singing I go along life's road,

예수님께서 내 짐을 들어주셨으니. (찬송 원문)
For Jesus has lifted my load.

　휴윗은 "내가 믿는 맘으로 예수님께 매달리니, 내게 아무 걱정이 없네" 하고 고백합니다. 이 가사처럼 주 안에 있으면 근심이 있을 수 없습니다. 우리가 근심과 걱정에 매이는 이유는 주님과 떨어져 있기 때문입니다. 그러므로 근심과 걱정에 휩싸이고 두려움을 느낄 때는 예수님께 매달려야 합니다.

　주님께 매달리면 근심이 기쁨으로 변하고 두려움이 사라집니다. 누구에게나 근심은 있습니다. 근심과 걱정이 우리의 마음을 덮는 바로 그때가 주님께 매달릴 때입니다. 그러면 주님은 우리의 마음과 생각을 지켜주시며, 우리가 지고 있는 고통의 짐을 대신 져주십니다.

　휴윗이 지은 모든 찬송은 그녀가 평안한 삶을 살 때가 아니라 오랫동안 병상에 누워있을 때, 불구가 된 후에 지어졌습니다. 휴윗은 하나님의 사랑을 찾은 후에 장애의 고난조차 축복으로 여겼습니다. 그래서 휴윗이 고난 중에 쓴 찬송에는 평안이 넘칩니다. 차마 넘기 어려운 고난을 이겨낸 휴윗은 장애인이 되고 나서 더 행복하게 살았습니다.

38 벙어리의 내려놓음

꿈으로 가득했던 목회 초년생 윌리엄 쿠싱(William Cushing) 목사에게 목회는 그리 쉽지 않았습니다. 미국 매사추세츠 힝햄 출신인 쿠싱은 예수님의 신성을 인정하지 않는 유니테리언 가정에서 자랐지만, 나중에 신학을 공부한 후 그리스도 교회에서 목사 안수를 받고 사역을 시작했습니다.

1864년 목회한 지 10년쯤 되었을 때 쿠싱 목사에게 큰 어려움이 닥쳤습니다. 아내가 시름시름 앓기 시작한 것입니다. 아내가 아프기 시작한 후로 6년을 매일같이 정성껏 돌보았지만, 아내의 건강은 좀처럼 나아질 기미가 보이지 않았습니다. 결국 쿠싱 목사는 사랑하는 아내를 하늘나라로 먼저 보내야 했습니다. 목회 초년시절부터 남편 뒷바라지하느라 고생만 하다 떠난 아내를 생각하니 가슴이 아팠습니다.

쿠싱 목사는 긴 시간 아내를 돌보느라 정작 자신의 건강을 챙기지 못했습니다. 아내가 세상을 떠난 후, 예전부터 좋지 않던 목 상태가 점점 악화되더니 급기야 목소리를 잃는 지경까지 이르고 말았습니다. 더 이상 설교할 수 없게 된 쿠싱 목사는 안타깝게도 자신이 섬기던 교회를 떠나야 했습니다.

아내를 잃고 목소리까지 잃어 강단을 떠나게 된 쿠싱 목사는 실의에 빠졌습니다. 세상 어떤 것도 위안이 되지 않았습니다. 모든 걸 잃은 쿠싱 목사는 한동안 힘겨운 고통의 시간을 보냈습니다. 그러다 힘겨운 자기 마음을 어루만져 주실 분은 주님밖에 없음을 깨닫고 주님을 온전히 의지하게 되었습니다.

어려웠던 지난 시간을 생각하니 넉넉히 이길 힘을 주신 하나님께 감사했습니다. 쿠싱 목사의 영혼 깊은 곳에서 하나님만 따르겠다는 마음이 솟구쳐 올랐습니다. 하나님의 또 다른 계획이 있을 것이라 믿으며, 벙어리가 된 몸이지만 사용해 달라고 하나님께 간절히 애원했습니다.

아내를 잃고 8년이 흐른 1878년 어느 날이었습니다. 쿠싱 목사는 생명까지 내어주신 그리스도 앞에 모든 것을 내려놓았습니다. 주님의 뜻만 따르며, 오직 주님의 영광만을 위해 살기로 굳게 결심한 것입니다.

쿠싱 목사는 그 마음을 담아 찬송을 짓기 시작했습니다. 이때 지은 찬송이 〈따르리라〉(Follow On)입니다. 그는 사람들이 이 찬송을 듣고 그리스도를 위해 전부 버릴 수 있기를 바랐습니다.[25] 쿠싱 목사는 쉬지 않고 써내려갔습니다. "따르리라, 따르리라, 예수님을 따르리라!"(Follow! follow! I would follow Jesus!) 우리 찬송가에는 〈이 눈에 아무 증거 아니 뵈어도〉라는 제목으로 수록되었습니다.

내 구주 따라 계곡 아래로 내려가리라.
Down in the valley with my Savior I would go,

그 계곡은 꽃 피고
Where the flowers are blooming

맑은 물 흐르고 있으리.
and the sweet waters flow;

주님이 날 이끄시는 곳이면 어디든지 따라가리라.
Everywhere He leads me I would follow, follow on,

승리의 관 얻을 때까지 주의 발자국 따라 걸으리라.
Walking in His footsteps till the crown be won.

따르리라! 따르리라! 예수님을 따르리라!
Follow! follow! I would follow Jesus!

어디든지, 어디든지 나는 따라가리라!
Anywhere, everywhere, I would follow on!

따르리라! 따르리라! 예수님을 따르리라!
Follow! follow! I would follow Jesus!

쿠싱 목사가 지은 찬송 〈따르리라〉를 일본의 미다니 다네기찌(三谷種吉) 목사가 1901년에 개사했고, 그것을 다시 한국어로 번역하다 보니 쿠싱 목사가 지은 원본과 많이 달라졌습니다. 그러나 우리말 찬송에서 강조하는 '믿음'과 원어 찬송에서 강조하는 '따르리라'는 모두 하나님을 향한 온전한 신뢰에 바탕을 두고 있습니다.

우리는 아무 증거도 볼 수 없지만 오직 하나님을 향한 믿음 하나만을 가지고 하나님을 따릅니다. 물론 하나님의 시간과 우리의 시간은 달라서 당장은 결실이 보이지 않을 수도 있습니다. 그래도 우리는 주님을 믿고 따라야 합니다. 원문에서 "내 구주 따라 계곡 아래로 내려가리라"는 가사는 계곡 아래 무엇이 있는지 모른 채 주님을 믿고 따라간다는 의미입니다.

사도 바울은 "사실 우리는 믿음으로 사는 것이지, 보는 것으로 사는 것이 아닙니다"(고후 5:7, 쉬운성경)라고 말합니다. "믿음은 우리가 바라는 것들에 대해서 확신하는 것입니다. 또한 보이지는 않지만 그것이 사실임을 아는 것"(히 11:1, 쉬운성경)이기 때문입니다. 아벨은 믿음으로 가인보다 더 나은 제사를 드렸습니다. 성경 속 이야기처럼 이 찬송은 이루어진 결과보다 믿음으로 행하는 과정이 더 중요하다는 것을 일깨워줍니다.

39 행복한 시각장애인

딸이 태어났다고 모두들 기뻐했습니다. 그러나 갓난아기 크로스비는 6주 만에 시력을 잃었습니다. 게다가 태어난 지 1년도 안 되어 아버지마저 여의었습니다. 그때부터 어머니가 남의 집 가정부로 일하며 생계를 유지했습니다. 크로스비는 바쁜 어머니를 대신한 할머니 손에서 자랐는데, 크로스비가 11세 되던 해 할머니마저 돌아가셨습니다. 그 뒤 어머니는 재혼했지만, 오래지 않아 두 번째 남편에게 버림받았습니다. 이처럼 크로스비의 어린 시절은 불행했습니다.

그런 크로스비에게도 작은 즐거움이 찾아왔습니다. 38세라는 늦은 나이에 같은 시각장애인인 앨스틴(Alexander Alstyne)을 만나 결혼하여 예쁜 딸까지 낳은 것입니다. 그러나 그 행복이 더 큰 슬픔을 몰고 올 줄은 아무도 몰랐습니다. 태어난 지 1년도 채 되지 않은 딸을 전염병으로 잃게 된 것입니다. 게다가 남편마저 먼저 하늘나라로 보내고 13년을 홀로 살아야 했습니다. 크로스비에게 닥친 일들은 보통 사람들이 감당할 만한 것이 아니었습니다.

그러나 크로스비는 불행으로 가득한 환경에서도 행복하게 살았습니다. 환경을 탓하지 않고 하나님을 바라보았기 때문입니다. 어린 딸을 잃은 슬픔은 그 어떤 슬픔과도 비교할 수 없었습니다. 그러나 슬픔 가운데서도, 주신 이가 하나님이시 니 데려가시는 것도 하나님의 뜻이라 생각하며 슬픔을 위로로 승화시켰습니다.

크로스비는 손발이 되어주신 할머니가 돌아가셨을 때도, 할머니를 여읜 슬픔보다는 할머니가 남겨주신 믿음의 유산을 생각하며 위로받았습니다. "할머니가 읽어준 성경이야기는 내 마음속에 깊이 뿌리 내렸어요. 할머니는 경건과 기도의 여인이었어요."

할머니는 세상을 떠나기 전, 11세 된 어린 크로스비를 껴안고 말했습니다. "패니야, 내가 하늘나라에 가기 전 네게 묻고 싶은 것이 있단다. 저 높은 곳, 우리 아버지의 집에서 할머니와 꼭 만나겠다고 말해 주겠니?" 크로스비는 울먹이며 대답했습니다. "할머니! 하나님의 은혜로 꼭 그렇게 될 거예요." 이 대답을 들은 후 할머니는 눈을 감았습니다. 이렇게 남겨진 믿음의 유산이 크로스비를 말씀과 기도의 사람으로 만든 것입니다.

크로스비는 이렇게 고백했습니다. "만약 하나님께서 시력을 돌려주신다 해도 거절하고 싶어요. 제가 눈을 뜨자마자 보고 싶은 건 천국에서 뵙는 예수님의 얼굴이기 때문이죠." 크로스비는 92세 생일에 친구들에게 "이 세상에서 나보다 더 행복한 사람이 있으면 데려와요. 그 사람과 악수하고 싶어요."라고 말했다고 합니다.

불행으로 가득한 크로스비 삶의 보고서를 보면 그녀가 얼마나 대단한지 알 수 있습니다.

1820년 3월 24일: 미국 뉴욕 퍼트남 출생

1820년: 출생 6주 후 실명,

　　　　　　아버지 존 크로스비(John Crosby) 사망

1825년(5세): 시력 회복 불가 판정 받음

1831년(11세): 할머니 사망

1835년(15세): 뉴욕 맹인학교 입학

1838년(18세): 어머니 머시(Mercy Crosby) 재혼, 몇 년 후 이혼

1844년(24세): 시집 『눈먼 소녀와 시』 발표

1847년(27세): 뉴욕 맹인학교 교사생활 시작

1858년(38세): 앨스틴(Alexander Alstyne)과 결혼, 맹인학교 사임

1859년(39세): 어린 딸 사망

1864년(44세): 브래드버리(William Bradbury)를 만난 후 찬송 작　　　　　　시 몰입

1890년(70세): 어머니 사망, 〈오 놀라운 구세주〉 등 작곡[26]

1902년(82세): 남편 사망

1915년(95세) 2월 12일: 코네티컷 브리지포트에서 사망

크로스비는 겉으로 보면 불행한 삶을 살았습니다. 그러나 하나님의 크신 사랑을 받으며 매순간 주님과 함께했던 그녀의 삶은 행복했습니다. 크로스비는 자신이 처한 환경을 원망하지 않고 오히려 감사하며, 모든 일을 신앙의 눈으로 바라보았습니다.

70세이던 1890년 어느 날, 크로스비는 지난 세월 동안 한결같이 지켜주신 하나님의 놀라운 은혜를 노래하고 싶었습니다. 그래서 어려운 일을 만나거나 위험한 일이 닥쳤을 때도 늘 옆에서 지켜주신 하나님을 찬양하며 찬송을 지었습니다. 이 찬송이 〈오 놀라운 구세주〉입니다. 이 찬송은 안전한 곳에 숨겨주시고 천국까지 인도하시는 주님을 찬양합니다.

메마른 땅을 종일 걸어가도
나 피곤치 아니하며
저 위험한 곳 내가 이를 때면
큰 바위에 숨기시고
주 손으로 덮으시네.

40 젊은 엄마의 고백

상쾌한 가을 아침입니다. 미국 오리건의 사막지대에는 트럭에 매달아 놓은 이동주택이 잠시 머무르고 있습니다. 그곳에는 결혼한 지 얼마 되지 않은 신혼부부가 살고 있습니다. 그들은 한 달에 겨우 400달러로 생활합니다. 매일 빵과 우유로만 끼니를 때웁니다.

부부에게는 갓난아기가 있습니다. 지금은 아침 시간, 딸아이는 세상 모르고 잠들어 있습니다. 아이가 잠들자 틈을 타서 엄마는 조용히 성경을 묵상합니다. 엄마의 이름은 로리 클라인(Laurie Klein)입니다.

남편 앞에서 내색은 안 했지만, 사실 클라인은 굉장히 우울한 상태였습니다. 어려운 살림살이는 나아질 기미가 보이지 않고, 앞으로 어떻게 살아가야 할지 모든 것이 막막했기 때문입니다.

게다가 가진 것이 없어 하나님께 아무것도 드릴 수 없다는 생각
에 절망하고 있었습니다.

1974년 어느 날 아침, 성경을 읽던 클라인은 하나님께 이렇게
고백했습니다.

> 하나님, 저는 드릴 게 아무것도 없어요.
>
> 고작 입으로 노래할 수 있는 게 전부예요.
>
> 그러니까 듣고 싶으신 노래를 알려주세요.
>
> 지금 주님을 위해 노래할게요.

기도를 마친 후, 클라인은 그냥 떠오르는 대로 노래하기 시작
했습니다. 그런데 별안간 입에서 노래가 막힘없이 술술 흘러나
왔습니다. 사랑의 하나님이 클라인에게 가사와 멜로디를 한꺼번
에 떠오르게 하신 것입니다. 이 노래가 바로 〈나 주님을 사랑합니
다〉입니다.

> 나 주님을 사랑합니다.
> **I love You, Lord**
>
> 나의 목소리 높여
> **and I lift my voice**
>
> 주님을 경배합니다.
> **To worship You**
>
> 오 나의 영혼아, 기뻐하라!
> **O my soul, rejoice!**

왕이여, 기뻐하소서.
 Take joy, my King

당신이 듣고 있는 이 소리를.
 in what You hear

이 소리가 감미롭고 감미롭게 울리게 하소서.
 May it be a sweet, sweet sound

당신의 귀에. (찬송 원문)
 in Your ear.

　저녁이 되자 남편 빌이 집에 돌아왔습니다. 클라인은 곧바로 남편에게 달려가 아침에 일어난 신기한 일을 설명해 주었습니다. 그리고 하나님이 선물하신 그 노래를 남편에게 불러주었습니다. 노래를 들은 남편은 깜짝 놀라며 감탄했습니다. 짧은 시간에 만든 노래라고 하기에는 완성도가 높았기 때문입니다.

　멜로디가 단순하면서도 세련되어 사람들이 즐겨 부르기 적합했습니다. 클라인은 이 노래를 가깝게 지내던 목사님에게 들려주었고, 얼마 지나지 않아 이 노래는 미국 서부지역에서 꽤 유명한 찬송이 되었습니다.

　1980년에 마라나타 뮤직은 〈프레이즈 4〉 앨범을 발표했는데, 〈나 주님을 사랑합니다〉가 그 앨범의 10번 트랙에 수록되었습니다. 그 후로 클라인의 찬송은 폭발적인 인기를 얻었습니다. 이 노래는 여러 언어로 번역되었고, 지금 전 세계 사람들이 이 노래로 하나님을 찬양하고 있습니다.

　가난에 찌들어 낙심한 젊은 엄마가, 하나님께 드릴 것은 노래

밖에 없다고 고백한 그 순간, 하나님은 아름다운 찬송을 선물로 주셨습니다. 장성한 두 딸을 둔 클라인 부부는 지금 워싱턴 주에서 하나님이 보여주신 사랑으로 지역 교회를 섬기며 살고 있습니다.

41 한인 교회에서 내린 결단

1930년 일제 강점기 때의 일입니다. 당시 19세 청년 이호운은 중국에서 가장 많은 조선인이 모여 사는 간도 용정에 있었습니다. 그는 그곳에서 이용도 목사가 인도하는 부흥회에 참석하여 큰 은혜를 받았습니다. 이용도 목사의 설교에 감동한 이호운은 주님께 자신의 삶을 온전히 드리기로 결심했습니다.

그 후 감리교신학교에 입학하기 위해 몇 달 동안 서울의 이용도 목사를 찾아가 그의 집에 머물렀습니다. 신학교에 입학하고 1932년 6월 25일, 이호운이 이용도 목사에게 보낸 편지를 보면, 그가 목사님에게 얼마나 많은 영향을 받았는지 알 수 있습니다.

> 이용도 목사님, 저도 주님을 위하여 몸 바치기를 원합니다. 평안과 영광과 칭찬을 요구하지 않으며, 주께서 지고 가신 십자가를 원합니다. 골고다까지라도 가길 갈망합니다. 옛 성도들이 졌던 십자가, 지금 목사님이 지신 십자가를 저도 지려고 합니다. 저도 주님만을 위하여 몸 바치렵니다. 주님 위하여 일하고 살고 죽기를 원합니다.

그리스도를 향한 열정이 불타오르던 청년 이호운은 서울에서 감리교신학교를 졸업하고 목사가 되었습니다. 그리고 강원도에서 목회를 하다가, 미국 감리교의 십자군 장학금으로 미국에서 유학을 하게 되었습니다. 그는 에반스톤의 개렛신학교에서 공부하고, 1951년 달라스 남감리교대학교 신학대학원 3학년에 편입하여 학업을 마쳤습니다. 그 후 서울로 돌아와 감리교신학교에서 학생들을 가르치다가, 1956년에 목원대학교로 옮겨 목회자 양성에 힘을 쏟았습니다.

1950년 개렛신학교 유학시절, 그가 시카고 한인 교회에서 예배 드릴 때였습니다. 이호운은 결단을 요구하는 하나님의 강한 부르심에 헌신을 다짐했습니다. 바로 이 헌신의 고백이 찬송 〈부름 받아 나선 이 몸〉입니다.

부름 받아 나선 이 몸 어디든지 가오리다.
괴로우나 즐거우나 주만 따라가오리니,
어느 누가 막으리까 죽음인들 막으리까.
어느 누가 막으리까 죽음인들 막으리까.

1절은 하나님의 부름을 받아 나선 이 몸은 죽음을 무릅쓰고 어디든지 가겠다고 다짐합니다. 작사자는 사명감에 불타오르고 있습니다. 2절은 내게 있는 모든 것을 가지고 괴롭힘과 저주의 골짜기인 아골 골짝(수 7:24-26)과 소돔 같은 곳이라도 가겠노라고 다짐합니다. 죄악이 넘쳐 멸망할 수밖에 없는 곳이라도 가겠다는 비장한 각오입니다. 3절은 오직 하나님의 영광을 위해서 십자가를 지겠다고 거룩한 각오를 밝힙니다.

이렇게 〈부름 받아 나선 이 몸〉은 주님의 부르심에 대한 결단의 의지를 강하게 고백합니다. 이 결단은 단순히 감정적인 것이 되어서는 안 됩니다. 이 가사가 살아있는 고백이 되기 위해서는, 자신을 철저히 내려놓고 십자가를 지겠다는 숭고한 의지가 있어야 합니다.

"하나님이 세상을 이처럼 사랑하사 독생자를 주셨으니 이는 그를 믿는 자마다 멸망하지 않고 영생을 얻게 하려 하심이라"(요 3:16). 주님은 우리를 구원의 자리로 부르셨습니다. 또 삶의 현장에서 주님의 일을 하라고 부르셨습니다. "누구든지 나를 따라오려거든 자기를 부인하고 자기 십자가를 지고 나를 따를 것이니라"(마 16:24)라는 말씀처럼 주님을 따라야 합니다. 구원받은 우리는 이 같은 주님의 부르심을 따라 우리에게 맡겨주신 사명을 감당해야 합니다.

우리가 하나님의 자녀가 되었다는 것은 하나님의 부르심에 순종한다는 뜻입니다. 이전에는 하나님을 모른 체하며 살았지만, 이제는 하나님의 뜻에 순종하며 살아가야 합니다. 고난이 닥쳐와도 우리는 부르심에 순종해야 합니다. 당장은 견딜 수 없는 고난처럼 보이지만, 영원의 관점에서 보면 고난도 복이었음을 깨닫게 될 것입니다.

이 찬송은 『개편찬송가』(1967)를 통해 처음으로 알려졌고, 선교사 파송 등 특별한 헌신을 다짐하는 예배에서 많이 불립니다. 오래 전에는 이 찬송이 박재훈 목사의 곡으로 중앙신학교 등에서 졸업 기념가로 불리기도 했습니다. 현재 찬송에 붙여진 곡조는 1967년 『개편찬송가』가 발행될 때 이유선 장로가 새로 작곡한 것입니다.

42 부흥강사의 권태

미국의 하트소우(Lewis Hartsough) 목사는 부흥강사였습니다. 그의 설교는 듣는 이들의 마음을 사로잡았습니다. 얼마나 설교를 잘하는지 사람들이 그의 설교를 앞자리에서 들으려고 자리다툼을 할 정도였습니다. 하트소우 목사가 말씀을 전할 때면 많은 사람이 주님을 만나곤 했습니다.

그런데 하트소우 목사에게 큰 고민거리가 있었습니다. 많은 사람을 주님께로 인도했지만, 정작 자신은 십자가의 감격이 점점 메말라 갔던 것입니다. 시간이 흐르면서 바울처럼 속사람이 날로 새로워져야 하는데, 어찌 된 일인지 그는 시간이 갈수록 마음이 굳어졌습니다.

그러나 사랑의 하나님은 그의 권태를 가만히 내버려 두지 않으셨습니다. 그가 부흥집회를 인도하던 어느 날, 한참 하나님의 사랑에 대해 설교하고 있는데, 별안간 자신이 쏟아내고 있는 메시지가 총알처럼 자신의 가슴을 관통하는 듯한 느낌을 받았습니다. 그 순간 그는 복음의 감격을 되찾았습니다. 주님을 향한 사랑이 새롭게 피어오른 것입니다.

부흥집회를 마치고 숙소로 돌아온 그는, 주님이 흘리신 보혈의 능력을 묵상하며 뜨거운 눈물을 흘렸습니다. 오래간만에 다시 찾은 감격이었습니다. 그리고 주님의 놀라운 은혜를 생각하며 늘 새로운 마음으로 외쳐야 할 메시지를 써내려갔습니다. "내 주의 보혈은 정하고 정하다. 내 죄를 정케 하신 주 날 오라 하신다." 이것이 회개하며 용서를 구하는 찬송 〈내 주의 보혈은〉입니다.

주께서 반갑게 부르시는 목소리를 제가 듣습니다.
I hear Thy welcome voice

저를 주께로 부르시는 그 목소리를
That calls me, Lord, to Thee,

귀한 피로 씻기시기 위해
For cleansing in Thy precious blood

갈보리에서 흘리신 그 귀한 피로.
That flowed on Calvary.

주여, 제가 옵니다! 이제 주께로 옵니다.
I am coming Lord! Coming now to Thee!

그 피로 저를 씻어주시고 닦아주소서.
Wash me, cleanse me in the blood

갈보리에서 흘리신 그 피로. (찬송 원문)
That flowed on Calvary!

이 찬송의 키워드는 우리를 구원하시려고 주님께서 흘리신 보혈입니다. 예수님의 보혈만이 우리를 깨끗하게 합니다. 그 보혈이 우리의 약함을 강하게 하고, 추함도 깨끗이 씻어줍니다. 주님이 우리를 사랑하시기 때문에 그렇게 하십니다. 우리는 보혈의 능력을 힘입어 살 길을 얻었습니다. 이처럼 예수님의 보혈에는 우리의 삶을 새롭게 하는 능력이 있습니다.

내가 주께로 지금 가오니
십자가의 보혈로 날 씻어주소서.

이 찬송에 얽힌 또 다른 일화는 보혈의 능력을 실감하게 합니다. 워싱턴 어느 교회의 부흥집회에서 있었던 일입니다. 모든 회중이 일어서서 이 찬송을 부를 때, 설교자가 예수님을 주인으로 영접한 자들과 새롭게 헌신을 다짐한 자들을 제단 앞으로 초청했습니다.

마침 교회 밖에서는 오랫동안 교회 근처에 살면서도 한 번도 예배당 안으로 들어가지 않았던 사람이 찬송 소리에 귀를 기울이고 있었습니다. 그런데 "내가 주께로 지금 가오니 십자가의 보혈로 날 씻어 주소서"라는 가사를 듣던 그는 더 이상 견딜 수 없어 교회 안으로 들어갔습니다. 그는 사람들을 따라 제단 앞으로 나아가 무릎을 꿇었습니다. 찬송을 따라 부르니 흐르는 눈물을 주체할 수 없었습니다. "약하고 추해도 주께로 나가면, 힘주시고 내 추함을 곧 씻어주시네." 보혈의 능력이 그를 거듭나게 한 것입니다.

우리는 날마다 예수님의 보혈을 의지하여, 독수리가 날개 치며 올라가듯 새 힘을 얻어야 합니다. 우리의 힘으로는 아무것도 할 수 없습니다. 주님의 보혈을 의지할 때 어떠한 어려움도 이기고 승리할 수 있습니다.

작사_C. M. 로빈슨(C. M. Robinson, 미상)
작곡_피터 필립 빌혼(Peter Philip Bilhorn, 1865-1936)

· · ·

1. 허락하신 새 땅에 들어가려면
   맘에 준비 다하여 힘써 일하세.
   (후렴) 여호수아 본받아 앞으로 가세.
   우리 거할 처소는 주님 품일세.

2. 시험 환난 당해도 낙심 말고서
   맘에 걱정 버리고 힘써 일하세.

3. 앞서가신 예수님 바라보면서
   모두 맘을 합하여 힘써 일하세.

4. 일할 곳이 아직도 많이 있으니
   담대하게 나가서 힘써 일하세.

43 젖과 꿀이 흐르는 땅

우리는 영적 전쟁을 치르고 있는 군사입니다. 〈허락하신 새 땅에〉는 주님을 따르는 제자들에게 주님의 일을 군사처럼 감당할 것을 권면합니다. 여호수아 6장은, 이스라엘 백성이 요단강을 건넌 후 약속의 땅에 들어가는 과정에서 여리고 성을 무너뜨리는 이야기입니다. 이 약속의 땅을 '젖과 꿀이 흐르는 땅' 또는 '가나안 복지'라고 합니다. 한국 찬송에서는 이 땅을 '허락하신 새 땅'으로 표현합니다.

허락하신 새 땅에 들어가려면

맘에 준비 다하여 힘써 일하세.

여호수아 본받아 앞으로 가세.

우리 거할 처소는 주님 품일세.

여호수아가 이끄는 이스라엘 군대가 여리고 성 앞에 진을 쳤습니다. 이들은 하나님의 말씀에 따라 엿새 동안 매일 한 번씩 성 주위를 돌았습니다. 그리고 드디어 마지막 날인 일곱째 날에 성을 일곱 번 돌았습니다. 제사장들이 부는 나팔 소리가 울리자, 백성들은 "와~" 하고 소리쳤습니다. 그 순간 여리고 성벽이 힘없이 무너져 내렸습니다. 하나님의 말씀대로 이루어지는 순간이었습니다.

이스라엘 민족은 '젖과 꿀이 흐르는 땅'에 대한 소망을 노래했습니다. 이 소망이 지금은 천국에 대한 강렬한 소망으로 이어지고 있습니다. 예수님이 십자가에 달려 돌아가심으로 예비하신 새 하늘과 새 땅이 우리를 기다리고 있습니다.

새 하늘과 새 땅은 하나님을 왕으로 믿고 따르는 자들이 차지할 것입니다. 그래서 이 찬송의 원어 가사는 우리를 인도할 왕을 선택하라고 촉구합니다.

우리는 가나안 땅으로 향하네.
We are bound for Canaan land,

천막을 치면서
Tenting by the way

누가 우리 가는 길을 인도하실 것인가?
Who shall lead us on the road?

오늘 당신의 왕을 선택하라.
Choose your King today.

여호수아처럼 용감히 서서
Dare to stand like Joshua;

감히 이렇게 말하네.
Dare to say the word.

"나와 우리 가족은
"As for me and for my house,

주님만을 섬기리"
We will serve the Lord."

"여호수아처럼 용감히 서서 감히 이렇게 말하네. 나와 우리 가족은 주님만을 섬기리"라는 후렴 가사처럼 고백할 수 있는 이유가 있습니다. 우리는 사는 동안 시험과 환난을 반드시 만납니다. 그러나 그때마다 주님이 우리를 안전하게 인도하실 것이기 때문입니다. 그러므로 영적 싸움에서 지쳤을 때는 승리를 확신하고 고백해야 합니다. "나와 우리 가족은 주님만을 섬기리!"

이 찬송을 작곡한 빌혼(Peter Bilhorn)은 많은 찬송을 지은 싱어송라이터입니다. 빌혼은 미국 일리노이 멘도타 출신으로 노래에 재능이 뛰어났습니다. 빌혼은 아버지의 사업을 물려받아 마차 만드는 일을 하다가, 유흥업소에서 노래하는 가수가 되었습니다. 그리고 18세에 부흥집회에 참석했다가 펜테코스트 목사의 설교

에 감동을 받고 완전히 새로운 삶을 살게 되었습니다. 그 후 전도
단의 멤버가 되어 자기의 재능을 오직 주님을 위해 쓰기 시작했
습니다.

마차를 만들었던 빌혼은 손재주가 뛰어났는데, 집회 때마다 대
형 오르간을 이동하는 일이 너무 힘들다는 것을 알고는, 휴대용
오르간을 고안해내기도 했습니다.

빌혼은 시카고에 휴대용 오르간을 제작하는 '빌혼 휴대용 오
르간 회사'를 세우고 많은 돈을 벌어 선교 사업에 사용했습니다.
그는 평생 2천여 편의 찬송을 지었는데, 우리 찬송가에는 이 찬
송 외에 〈내가 늘 의지하는 예수〉(새 86), 〈우리를 죄에서 구하시
려〉(새 260), 〈내 맘에 한 노래있어〉(새 410)가 실렸습니다.

44 삶을 뒤집어놓은 한마디

미국인 청년 윌리엄 톰슨(William Thompson)은 바흐가 활동했던 독일 라이프치히에서 작곡을 공부했습니다. 독일 유학을 마치고 돌아온 28세의 톰슨은 야심차게 준비한 작품 네 곡을 가지고 출판사를 찾아갔습니다. 히트작이 틀림없다고 생각한 그는 출판사 사장에게 첫 작품이니 단돈 100달러만 받겠다고 허세를 부렸습니다. 그런데 출판사는 많이 줘야 25달러밖에 줄 수 없다고 딱 잘라 말했습니다. 크게 실망한 톰슨은 자기 곡을 직접 출판하기로 마음먹었습니다.

톰슨이 직접 인쇄한 작품은 출판되자마자 불티나게 팔렸습니

다. 특히 〈해변에서 조개 줍기〉(Gathering Shells from the Seashore)
라는 작품은 그를 삽시간에 유명인사로 만들었습니다. 바닷가에
서 조개를 줍는 아름다운 장면을 노래한 낭만적인 곡이 사람들의
감성을 자극한 것입니다. 이 곡으로 톰슨은 단숨에 큰 돈을 벌었
고 인기도 얻었습니다.

월리엄 톰슨의 유행가는 언제나 대중의 관심을 사로잡았습니
다. 그런데 그의 마음 한구석에는 항상 커다란 아쉬움이 남아있
었습니다. 자신이 독일에서 공부할 때 가졌던 꿈이 자꾸 생각났
기 때문입니다. 음악의 아버지로 불리는 바흐처럼 톰슨에게도 오
직 하나님의 영광을 위해 살고 싶은 소망이 있었습니다.

아쉬움을 간직한 채 살아가던 어느 날, 톰슨은 세계적인 복음
전도자 무디를 만날 기회가 생겼습니다. 그 만남에서 무디는 톰
슨에게 중요한 한 마디를 남겼습니다. "당신의 노래는 정말 아름
다워요. 그런데 이제부턴 사람들의 마음을 축복하는 살아있는 노
래, 그리고 사람들을 주님께로 인도하는 노래를 써보세요."

이 한 마디가 톰슨의 삶을 완전히 뒤집어놓았습니다. 톰슨은
그때부터 허무한 세상의 낭만을 미화하는 노래 대신에 영원하신
하나님을 찬양하는 노래를 쓰기 시작했습니다. 이미 만들어놓은
히트곡들의 인기도 하나님을 향한 그의 열정을 빼앗지는 못했습
니다.

하나님 중심의 삶을 살면서 그는 이렇게 말했습니다. "나는 집
에 있든지, 호텔에 있든지, 가게에 있든지, 여행 중일 때라도 시상
이나 악상이 떠오르면 놓치지 않고 곡을 쓴답니다."[27] 톰슨은 때

를 가리지 않고 하나님이 주신 재능을 사용했습니다.

57세가 되던 1904년, 톰슨은 찬송가책 출판을 앞두고 지나온 삶의 간증을 글로 쓰기 시작했습니다. 그는 자신에게 물었습니다. '예수님은 누구신가?' 분명한 답은 '예수님은 세상의 전부다'(Jesus is all the world to me)였습니다. 그는 이렇게 고백했습니다. "예수님은 제 가장 친한 친구입니다. 예수님은 제 모든 것입니다. 예수님이 없다면 저는 금방 쓰러지고 말 것입니다." 예수님은 영원한 생명을 우리에게 주셨고, 세상이 줄 수도 빼앗을 수도 없는 기쁨을 주셨습니다. 톰슨이 쓴 삶의 간증은 〈예수는 나의 힘이요〉라는 찬송이 되었습니다.

예수는 나의 힘이요 내 생명 되시니,
구주 예수 떠나 살면 죄 중에 빠지리.
눈물이 앞을 가리고 내 맘에 근심 쌓일 때,
위로하고 힘 주실 이 주 예수.

이 찬송은 한편의 설교입니다. 우리의 힘 되신 예수님은 우리의 모든 것이라는 메시지를 전합니다.

첫째(1절), 예수님은 우리의 생명입니다. 영적인 피조물은 영적으로 살아있어야 합니다. 예수님이 우리의 죗값을 치러주셨기 때문에 우리는 영생의 은혜를 얻었습니다. 구원받은 우리가 주님을 떠나면 죄 가운데 헤매다 쓰러질 것입니다. 걱정과 근심이 많아 눈물이 앞을 가려도 우리를 위로하실 분은 생명을 주신 예수님뿐입니다.

둘째(2절), 예수님은 우리의 친구입니다. 세상 친구는 배신할 수 있지만, 예수님은 어제와 오늘 그리고 내일도 변함이 없으십니다. 성경은 사람이 친구를 위하여 목숨을 버리면 이보다 더 큰 사랑이 없다고 말합니다(요 15:13-15). 예수님은 우리를 위해 목숨을 내어주신 친구입니다. 햇빛과 비를 주시고, 일용할 양식을 공급해 주십니다. 복의 근원이시기 때문입니다.

셋째(3절), 예수님은 우리의 기쁨입니다. 시편 기자는 "기쁨은 오직 주님에게서 찾아라. 주님께서 네 마음의 소원을 들어주신다."(시 37:4, 표준새번역)라고 말합니다. 하나님 한 분만으로 만족하라는 뜻입니다. 우리가 어두운 골짜기를 지날지라도 주님은 밤낮을 가리지 않고 보살펴주십니다. 그러므로 밤이나 낮이나 그분을 따라가야 기쁨을 누리게 됩니다. 주님만이 진정한 행복을 채워주십니다.

넷째(4절), 예수님은 우리의 소망입니다. "하나님이 세상을 이처럼 사랑하사 독생자를 주셨으니 이는 그를 믿는 자마다 멸망치 않고 영생을 얻게 하려 하심이라"(요 3:16)라는 말씀은 희망의 메시지입니다. 우리는 천국에 소망을 두고 살아가는 천국 시민입니다. 우리의 희망은 땅에 있지 않습니다. 우리는 하늘의 것을 바라는, 천국 소망을 가진 하늘나라의 백성입니다.

45 긴급 상황

미국 동부의 작은 마을 웨스트우드 바닷가 모래 위에는 부서진 배 한 척이 있었습니다. 겨울에 함박눈이 펑펑 내려도, 여름에 태양이 쨍쨍 내리쬐도 항상 그 자리에 있었습니다. 마을 사람들은 격렬한 폭풍우에 시달려 부서진 듯한 그 배가 어떻게 이곳으로 오게 되었는지 몰랐습니다.

34세 에드윈 어포드(Edwin Ufford)는 그 마을 교인들을 섬기는 목사였습니다. 어느 여름날, 해변을 거닐던 어포드 목사는 그 배를 자세히 살펴보았습니다. 거의 허물어진 선체에 파도가 쌀쌀맞게 부딪쳤습니다. '이 배도 왕년에는 우람한 자태를 뽐내는 튼튼한 배였을 텐데, 어떻게 이 지경까지 이르렀을까?' 궁금해하던 어포드 목사는 이 배의 과거를 상상해 보았습니다.

상상 속의 배는 바다 위를 미끄러지듯 항해하고 있었습니다. 그런데 기상이 점점 악화되더니 폭풍우가 치기 시작했습니다. 갑자기 거세진 파도는 배를 마구 흔들어대더니 급기야 선체를 부서뜨렸습니다. 승객들은 순식간에 갑판에서 휩쓸려 바다에 빠졌습니다. 여기저기서 살려달라는 절실한 외침이 들려왔습니다.

상상에서 깨어난 어포드 목사는 물에 빠져 살려달라고 애원하는 사람들의 목소리가 생생하게 느껴졌습니다. 어포드 목사는 물에 빠져 허우적거리던 사람들이 마치 예수님을 몰라서 영원한 지옥으로 빠져들고 있는 사람들 같다고 생각했습니다. 그는 지금 이 순간이 복음 전파가 절실한 긴급 상황이라는 것을 실감했습니다. 그리고 바닷가에 사는 그는 실제로 '물에 빠진' 사람을 구조하는 기술을 배워야겠다고도 생각했습니다.

며칠 후 어포드 목사는 인명구조 교육을 받기 위해 해수욕장에 있는 해난구조소에 갔습니다. 강사는 구조용 생명줄의 사용법을 알려주며 말했습니다. "이렇게 생명줄을 던지세요!" 그 순간, 어포드 목사는 '바로 이거구나!' 하며 무릎을 쳤습니다.

교육을 받고 집으로 돌아오는 15분 동안 그는 머릿속에서 4절짜리 찬송 가사를 완성했습니다. 집에 도착하자마자 오르간 앞에 앉아 별 어려움 없이 가사에 맞는 음악도 작곡했습니다. 이것이 바로 〈물 위에 생명줄 던지어라〉입니다.

물 위에 생명줄 던지어라.
누가 저 형제를 구원하랴.
우리의 가까운 형제이니,
이 생명줄 그 누가 던지려나.

생명줄 던져 생명줄 던져,
물속에 빠져간다.
생명줄 던져 생명줄 던져,
지금 곧 건지어라.

아직 복음이 들어가지 못한 지역이 많습니다. 그곳 사람들은 평생 예수님에 대해 한 번도 들어보지 못하고 죽습니다. 그들은 복음을 접할 기회가 전혀 없이 살다가 죽었는데도 지옥에 가게 될까요? 예, 그들은 구원받지 못합니다. 성경은 그들이 알면서도 믿기를 거부한 사람들이라고 말하기 때문입니다.

로마서 1장 18-22절이 이것을 잘 설명해줍니다.

하나님의 진노가 하늘로부터 나타나서, 불의한 행동으로 진리를 거스르는 사람들이 행한 모든 경건치 않은 것과 불의를 치십니다. 하나님께서는 사람들에게 하나님을 알 수 있게 하셨으므로 사람들 속에 하나님을 알 만한 것이 있다는 것은 분명합니다. 세상이 창조된 이래로 하나님의 보이지 않는 성품인 그분의 영원한 능력과 신성은 그가 만드신 만물을 보고서 분명히 알 수 있게 되었습니다. 그러므로 사람들은 핑계를 댈 수 없습니다. 사람들은 하나님을 알면서도 하나님께 영광을 돌리지도 않았고, 하나님께 감사하지도 않았습니다. 오히려 사람들은 헛된 것을 생각했으며, 그들의 어리석은 마음은 어둠으로 가득 찼습니다. 사람들은 자기들이 지혜롭다고 생각하지만, 사실은 어리석습니다. (쉬운성경)

하나님은 자연 만물을 통해 자신을 분명히 나타내셨다고 말씀하십니다. 그러므로 모든 사람은 성경을 몰라도 자연 만물을 보고 하나님을 알 수 있습니다. 그러나 사람들은 하나님을 알아도, 하나님을 영화롭게 하거나 하나님께 감사하지 않습니다. 모든 인류가 진리를 받아들이지 않으려는 죄성을 가졌기 때문입니다. 그래서 자연을 보고도 하나님을 깨닫지 못하는 것입니다. 결국 믿지 않는 모든 사람은 만물에 밝히 드러난 하나님을 알면서도 거부한 것입니다.[28]

그래서 예수님은 복음을 온 세상에 전하라고 명령하십니다. "너희는 가서 모든 민족을 제자로 삼아 아버지와 아들과 성령의 이름으로 세례(침례)를 베풀고 내가 너희에게 분부한 모든 것을 가르쳐 지키게 하라 볼지어다 내가 세상 끝날까지 너희와 항상 함께 있으리라"(마 28:19-20).

46 오, 해피 데이

1994년 봄에 뮤지컬 영화 〈시스터 액트 2〉를 개봉했습니다. 이 영화의 클라이맥스는 〈오, 해피 데이〉(Oh Happy Day)를 합창하는 장면입니다. 기쁨이 넘쳐 흥겹게 노래하는 광경은 보는 이의 마음을 즐겁게 합니다.

인기 클럽가수 들로리스(우피 골드버그 분)에게 수녀들이 찾아와 자신들이 선생으로 있는 학교의 아이들에게 음악을 가르쳐달라고 청합니다. 내키진 않지만 승낙하고 음악선생이 된 들로리스는 학교 운영진이 학교를 폐쇄하려 한다는 사실을 알게 됩니다. 들로리스는 학교를 살리기로 마음먹고 학생들과 합창단을 만듭니다. 때마침 열리는 합창대회에서 좋은 성적을 거두면 도움이 될 거라 생각한 것입니다. 그런데 들로리스가 클럽 가수라는 것을 알게 된 이사장과 교장은 합창단이 대회에 참가하는 것을 막으려 합니다. 그럼에도 아이들은 꿋꿋이 대회에 나가 〈오, 해피 데이〉는 감동적으로 불러 우승을 차지합니다. 물론 폐교 위기에 있던 학교도 구하게 됩니다.

〈오, 해피 데이〉는 가스펠로 편곡되어 대중에게 알려졌고 가스펠의 표본이 되었습니다. 이 노래에는 "오, 해피 데이"라는 가사가 여러 번 반복해서 나옵니다. 단순한 가사와 반복적인 후렴의 운(rhyme)이 구원의 기쁨을 잘 표현하고 있습니다. 이 노래의 원래 가사는 18세기에 영국인 필립 도드리지(Philip Doddridge) 목사가 지었습니다.

도드리지 목사는 런던의 가난한 가정에서 스무 명의 자녀 중 막내로 태어났습니다. 스무 명 중에 열여덟 명이 어렸을 때 죽었고, 그 역시 죽을 고비가 있었지만 겨우 살아남았습니다. 그러나 늘 몸이 약했습니다.

엎친 데 덮친 격으로 13세 때 부모님을 잃었습니다. 친구들의 도움으로 대학을 마친 그는 목사가 되어 노스햄튼에서 목회를 시작했습니다.

어느 날 도드리지 목사는 어떤 사람이 누명을 쓰고 사형선고를 받았다는 이야기를 들었습니다. 아무도 그 사형수를 도와주지 않는다는 사실을 알고, 도드리지 목사는 그에게 관심을 갖기 시작

했습니다. 도드리지는 큰 비용을 들여 변호사를 선임하고, 각고
의 노력 끝에 그 사람의 무죄를 입증하는 데 성공했습니다. 감옥
에서 풀려난 사람은 죽음을 면하게 도와준 도드리지 목사의 은혜
에 어쩔 줄 몰라 하며 말했습니다. "내 마지막 피 한 방울까지 다
해 감사해요. 그리고 목사님이 나를 구해 주었기 때문에 나에 관
한 모든 권리는 목사님께 있어요. 아 행복한 날, 내가 다시 살아
난 날이에요."

도드리지 목사는 영원한 형벌에서 구원받은 우리가 늘 이렇
게 고백해야 한다고 생각했습니다. 〈오, 해피 데이〉는 이렇게 죄
사함을 받은 기쁨과 거듭남의 감격을 노래합니다. 이 곡은 한국
찬송가책에 〈주의 말씀 받은 그 날〉이라는 제목으로 수록되었
습니다.

오 행복한 날, 주를 향한 나의 선택을 확정한 날,
O happy day, that fixed my choice on Thee,

나의 구세주 나의 하나님!
my Savior and my God!

이제 기쁨으로 타오르는 이 마음
Well may this glowing heart rejoice,

이 환희를 온 세상에 전하게 하소서.
And tell its raptures all abroad.

행복한 날, 행복한 날,
Happy day, happy day,

예수님이 내 죄를 씻어주신 날!
when Jesus washed my sins away!

주님은 깨어 기도하는 것을 내게 가르쳐주셨고,
He taught me how to watch and pray,

매일 기뻐하며 살아가는 것을 가르쳐주셨네.
and live rejoicing every day

행복한 날, 행복한 날,
Happy day, happy day,

예수님이 내 죄를 씻어주신 날! (찬송 원문)
when Jesus washed my sins away.

도드리지 목사는 노스햄튼에서 21년간 복음을 전하다 지병인 폐결핵으로 49세의 나이에 하나님의 부르심을 받았습니다. 그가 세상을 떠난 후 4년이 지난 1755년, 이 찬송의 가사가 친구 오튼에 의해 대중에 알려졌고, 곡조는 그 후 99년이 지나서야 만들어졌습니다. 원래 후렴 가사가 없었는데 누군가가 추가했습니다. 곡조는 림볼트(Edward F. Rimbault)가 지은 대중음악에서 가져왔습니다. 〈오, 해피 데이〉는 이렇게 여러 사람의 수고가 깃든 찬송입니다.

47 가슴을 두드린 메시지

프랑스의 한 고아원에는 특별한 규칙이 있었습니다. 잘못을 저지르면 엄한 벌을 받아야 하는데, 만약 누군가 벌을 대신 받겠다고 하면 그렇게 하도록 허락해 주는 규칙입니다. 어느 날 아이들이 싸움을 하다가 그만 칼부림이 나고 말았습니다.

칼을 휘두른 아이는 곧바로 캄캄한 골방에 격리되었고, 원장은 아이들을 모아놓고 물었습니다. "잘못한 아이를 대신해서 벌 받을 사람이 있습니까?" 그때 손을 들고 나온 아이는 놀랍게도 칼에 찔린 아이였습니다. 칼을 휘두른 아이는 곧 풀려났고 칼에 찔렸던 아이가 대신 골방에 갇혔습니다. 풀려난 아이는 잘못을 뉘우치며 대신 갇힌 아이에게 미안해 어쩔 줄 몰랐습니다.[29]

잘못한 아이를 대신해 캄캄한 골방에 갇힌 아이처럼, 예수님은 우리를 대신해 고난을 당하셨습니다. 손에 못이 박히고, 허리는 창에 찔려 죽기까지 피와 물을 다 쏟으셨습니다. 예수님의 손은 못이 박혀서 피가 흐르고 부어올라 가장 험악한 손이 되었습니다. 그러나 세상에서 가장 아름다운 손은 바로 못 박히신 예수님의 손입니다.

주님께서 찔린 것은 우리의 허물 때문이고, 상처를 입은 것은 우리의 악함 때문입니다. 주님께서 징계를 받음으로 우리가 평화를 누리고, 매를 맞음으로 우리가 나음을 입었습니다(사 53:5). 우리의 허물과 죄 때문에 주님의 손에 대못이 박혔습니다. 주님의 못 박힌 손은 우리의 죄라는 불치병을 고쳐주신 기적의 약손입니다.

우리는 이 사실을 알면서도 도마처럼 의심하곤 합니다. 도마는 예수님의 손에 있는 못 자국을 만져보지 않고는 믿을 수 없다고 말했습니다. 예수님은 "네 손가락을 이리 내밀어 내 손을 보고 네 손을 내밀어 내 옆구리에 넣어 보라 그리하여 믿음 없는 자가 되지 말고 믿는 자가 되라"(요 20:27)고 말씀하셨습니다. 그때 도마는 "나의 주님이시요 나의 하나님이시니이다"(요 20:28)라고 고백했습니다.

의심 많은 우리는, 도마가 택한 방식으로라도 예수님을 경험하여 그분을 우리의 주인으로 인정해야 합니다. 도마처럼 예수님을 만져서라도 주님을 만나야 합니다. 그런데 주님은 한 말씀을 덧붙이십니다. "너는 나를 본 고로 믿느냐 보지 못하고 믿는 자들은 복되도다"(요 20:29).

〈거친 세상에서 실패하거든〉은 도마처럼 의심 많은 우리가 거친 세상을 살아갈 때, 우리를 대신하여 죽어주신 예수님을 강력히 신뢰하게 합니다. "그 손 못자국 만져라"라는 가사가 반복되는 이 찬송가는, 미국의 베일러스 매키니(Baylus McKinney) 교수가 지었습니다.

사우스웨스턴 침례신학교(Southwestern Baptist Seminary)의 교수였던 매키니는, 1923년 5월 텍사스 앨런에서 열리는 부흥회에 참석했습니다. 그는 저녁집회에서 "못 박힌 손"이라는 제목의 설교를 들었습니다. 설교자는 메시지를 마무리하며 강한 어조로, 예수님을 믿기로 결심한 사람들을 강단 앞으로 초청했습니다. 사람들이 머뭇거리자 설교자는 다시 초청하며 말했습니다. "당신의 마음속에 주님을 모시길 원하십니까? 앞으로 나와서 당신의 손으로 예수님 손에 난 못 자국을 만지세요! 그 손의 못 자국을 만지세요!"

그 메시지는 매키니 교수의 가슴을 마구 두드렸습니다. 집회를 마치고 나오는데 갑자기 날씨가 궂어지더니 천둥과 번개가 내리쳤습니다. 그는 폭풍우를 뚫고 간신히 숙소로 돌아왔습니다. 그리고 그때 인생의 풍파 속에서도 예수님의 못 자국 난 손을 잡으면 인도해 주실 거라는 확신이 들었습니다. 못 자국 난 주님의 손을 떠올리며 그는 혼자 묻고 답하듯 시를 써내려갔습니다.

폭풍우 몰아치는 삶에서 계획이 실패했는가?
Have you failed in your plan of your storm-tossed life?

너의 손으로 그분의 못 자국 만져라.
Place your hand in the nail-scarred hand;

삶의 고생과 갈등으로 지치고 피곤한가?
Are you weary and worn from its toil and strife?

너의 손으로 그분의 못 자국 만져라. (찬송 원문)
Place your hand in the nail-scarred hand.

죄인인 우리는 예수님의 몸에 못을 박았습니다. 예수님은 우리 대신 못 박히셔서 우리를 용서하셨습니다. 하나님이 인류를 구원하시는 방식은 지혜와 은혜의 극치입니다.

예수님은 자신이 하나님이며 구원자임을 신뢰하지 못하는 우리에게 말씀하십니다. "내 손에 난 못 자국을 만져라." 예수님의 못 자국 난 손과 옆구리를 직접 확인한 도마는 얼굴을 땅에 대고 경배하며, 예수님이 주님이시며 하나님이심을 고백했습니다. 훗날 도마는 순교도 마다하지 않는 굳센 믿음을 갖게 되었습니다.

48 하늘나라 시민권

『통일찬송가』와 지금 사용하는 『새찬송가』를 비교하면 가사가 수정된 곡이 종종 눈에 띕니다. 그 가운데 잘 개정된 곡이 〈나 가나안 땅 귀한 성에 들어가려고〉(새찬송가 246장)입니다.

예전에 이 찬송의 제목은 "나 가난 복지 귀한 성에 들어가려고"였습니다. 솔직히 문자적으로 보면 이해가 되지 않는 제목입니

다. '가난'은 뭐고 '복지'는 또 뭡니까? 그런데 '가난 복지'가 『새찬
송가』에서 '가나안 땅'으로 바뀌면서 '가나안'(Canaan)의 의미가
분명해졌습니다.

　그러나 오히려 가사가 바뀌어서 혼란스러운 곡도 있습니다.
〈저 높은 곳을 향하여〉(새찬송가 491장)가 그렇습니다. 이 찬송 후
렴구에 "내 주여 내 맘 붙드사, 그곳에 있게 하소서"라는 구절이
있는데, 이 부분의 원문 가사를 번역하면 "주여, 내 발을 더 높은
곳에 놓으소서"입니다. 『통일찬송가』의 가사는 "내 주여 내 발 붙
드사, 그곳에 서게 하소서"였습니다. 시적인 면이나 원어 번역의
정확성을 생각할 때 "내 주여 내 발 붙드사, 그곳에 서게 하소서"
가 좋습니다. 우리가 부르는 찬송이 믿음의 고백이 되려면, 가사
의 의미를 정확히 알고 불러야 합니다.

　〈저 높은 곳을 향하여〉를 지은 오트먼 2세(Johnson Oatman, Jr.)
는 미국 뉴저지 메드퍼드에서 태어났습니다. 그는 어릴 때부터
아버지처럼 하나님을 섬기는 신앙인이 되길 원했습니다. 오트먼
은 신실한 아버지를 롤모델로 삼았습니다. 그래서 주일마다 아버
지 옆에 앉아서 예배 드리는 것을 좋아했습니다.

　오트먼은 허버트아카데미(Herbert's Academy)와 뉴저지대학
(New Jersey Collegiate Institute)을 졸업했습니다. 감리교에서 목사
안수를 받은 그는 자유롭게 지방 곳곳을 돌아다니며 설교자로 섬
겼습니다. 그러다가 아버지의 권유로 '존슨 오트먼과 아들'이라
는 이름을 내걸고 럼버톤에서 아버지 사업을 돕기도 했습니다.
아버지가 세상을 떠난 후에는 마운트 홀리에서 15년간 보험회사

의 책임자로서 성공적으로 사업을 일구기도 했습니다.

그러나 목사 안수를 받고서도 교회사역에 전적으로 헌신하지 못해 항상 마음에 부담을 안고 있었습니다. 그래서 틈만 나면 지방으로 순회전도를 나섰습니다.

그러던 어느 날, 문득 하나님이 자신을 말씀 사역자로 부르신 것이 아니라는 생각이 들었습니다. 그래서 하나님의 뜻을 알려달라고 기도했습니다. 1892년 36세가 되었을 때, 오트먼은 찬송을 써서 하나님께 영광을 돌리기로 마음먹었습니다. 하나님이 자신에게 글 쓰는 재능을 주셨다고 생각했기 때문입니다.

1898년 어느 날, 오트먼의 마음에는 하늘의 소망이 넘쳐났습니다. 우리의 희망은 세상이 아니라 천국이라는 사실에 가슴이 벅찼습니다. 오트먼은 저 높은 곳이 우리가 가야 할 곳이라고 읊조렸습니다. 이 소망을 적은 것이 바로 〈저 높은 곳을 향하여〉입니다.

저 높은 곳을 향하여 난 나아가네.
I'm pressing on the upward way,

날마다 새로운 높은 곳을 정복하네.
New heights I'm gaining every day;

나 아직 가는 중에 기도하오니,
Still praying as I'm onward bound,

주여, 내 발을 더 높은 곳에 놓으소서.
"Lord, plant my feet on higher ground."

주여, 나를 붙들어 서게 하소서.
  Lord, lift me up and let me stand,

믿음으로 천국 땅 위에 서게 하소서.
  By faith, on Heaven's table land,

내가 가본 곳보다 더 높은 곳
  A higher plane than I have found;

주여, 내 발을 더 높은 곳에 놓으소서. (찬송 원문)
  Lord, plant my feet on higher ground.

이 찬송은 천국을 갈망하는 노래입니다. 이 찬송의 절정은 후렴구입니다. 땅의 것을 갈망하지 않고 하늘의 것을 갈망하겠다는 다짐이 뚜렷이 드러납니다. 우리말 번역 찬송의 후렴구에서는 선율이 상행하여, 마지막 행의 '그곳은' 부분이 높은음이 되어 '하늘나라'가 잘 표현되고 있습니다. 선율이 가사의 의미를 반영하고 있는 것입니다.

오트먼은 36세부터 찬송을 쓰기 시작하여 5천여 편의 찬송시를 썼습니다. 그가 지은 〈위에 계신 나의 친구〉(새 92)와 〈세상 모든 풍파 너를 흔들어〉(새 429)도 한국 찬송가책에 수록되어 있습니다.

49 결혼생활 10년

십자가형은 인간이 고안해낸 형벌 중 가장 잔인한 처형 방법입니다. 고대 로마에서는 살인범, 정치적 폭력범, 반역자를 이 방법으로 처형했습니다. 십자가형을 받은 사람은 곧바로 죽지 않고 서서히 죽어가는데, 그 과정은 몹시 고통스럽고 처참했습니다.

정부는 눈에 띄는 장소, 예를 들면 사거리, 극장 안, 높은 언덕, 범행장소 등에서 십자가형을 집행했습니다. 범죄 방지를 목적으로 최대한 많은 사람이 볼 수 있도록 공개적으로 집행한 것입니다.

우선 죄인을 벌거벗겨 최대한 수치스럽게 만들었습니다. 그리고 처형하기 전에 날카로운 뼈와 쇠붙이를 매단 가죽채찍으로 매질을 하고, 온갖 종류의 고문과 모욕으로 괴롭혔습니다. 그 다음에는 죄인이 처형장까지 나무 형틀을 스스로 메고 운반하게 했습니다. 처형장에 이르면 손과 발에 못을 쳐서 나무에 매달았습니다. 이 조치만으로는 금방 죽음에 이르지 않고 극심한 고통만 오래도록 지속되었습니다.

온 몸의 피가 다 흘러나올 때까지 곤충들이 달려들어 피를 빨아먹었습니다. 채찍에 맞아 상처 난 어깨와 가슴은 부어올랐습니다. 저주받은 나무 위에 높이 달려 오래도록 고통당하고 시달리기 때문에, 죄인의 몰골은 흉악해지고 나중에는 사람의 형상을 찾아보기 힘들 정도였습니다.[30]

우리는 십자가의 은혜로 구원받고 천국백성이 되었습니다. 창조주 하나님께 반역하여 지옥에 떨어져야 마땅한 죄인이, 영원한 천국시민이 되었다니 얼마나 놀라운 일입니까? 존 파이퍼 목사는 "예수 믿지 않는 사람들이 지옥에 가는 것이 놀라운 것이 아니라, 내가 천국에 가는 것이 놀랍다"고 고백했습니다. 십자가에서 쏟으신 보혈의 능력으로 예수님을 믿은 우리는 주님의 자녀가 되었습니다. 이 놀라운 은혜를 노래한 사람이 미국의 엘리샤 호프만(Elisha Hoffman) 목사입니다.

호프만 목사는 펜실베이니아의 한 목회자 가정에서 자랐습니다. 음악에 재능을 타고난 그는 평생 찬양하는 삶을 살았습니다.

호프만은 1866년 뉴베를린의 유니온신학교를 졸업하고 수잔 (Susan Orwig)과 결혼하여 가정을 꾸렸습니다. 28세에 목회에 발을 들여 놓은 그는 34세에 목사 안수를 받고 주님의 일에 헌신했습니다.

남다르게 정이 많았던 호프만 목사는 가난한 자들과 외로운 자들에게 늘 좋은 벗이 되었습니다. 설교 준비를 하지 않을 때는 소외된 자들과 많은 시간을 함께했습니다.

어느 날 그에게 큰 아픔이 찾아왔습니다. 결혼생활 10년째 되던 1876년, 어린 아들 삼형제를 남겨놓고 아내가 먼저 하늘나라로 간 것입니다.

아내를 떠나보낸 슬픔이 아직 가시기 전, 호프만 목사는 예수님을 영접하고 기쁨이 충만했던 오래 전 기억을 떠올렸습니다. 그러자 보혈의 능력이 그를 다시 사로잡았습니다. 죽을 수밖에 없는 죄인이 십자가 보혈의 능력으로 구원을 얻었다는, 예전에 들었던 메시지가 생생히 떠올랐습니다. 호프만 목사는 슬픔 중에 다시 복음을 경험하고는 주님을 찬양하지 않을 수 없었습니다.

예수님이 죽음에서 살아난 첫 열매가 되셨듯, 자신도 다시 살 것을 생각하니 슬픔 가운데 기쁨이 차올랐습니다. 호프만 목사는 외쳤습니다. "구주의 십자가 보혈로 나는 죄 씻음을 받았네. 주님의 이름에 영광 있으리라!"(Glory to His Name!) 몇 번이고 외치고 또 외쳤습니다. 이것이 십자가 보혈의 능력을 노래한 〈구주의 십자가 보혈로〉입니다.

내 구주께서 돌아가신 십자가 아래서
Down at the cross where my Savior died,

죄 씻음 받기 위해 울부짖던 십자가 아래서
Down where for cleansing from sin I cried,

그곳에서 내 마음에 주님의 보혈이 묻었네
There to my heart was the blood applied;

주님의 이름에 영광 있으리라! (찬송 원문)
Glory to His Name!

한국 찬송가의 후렴구에서는 "찬송합시다"라며 우리를 구원하신 주의 이름을 힘차게 높입니다. "찬송합시다"의 원문 직역은 "주님의 이름에 영광 있으리라!"(Glory to His Name!)입니다. 직역이든 번역이든 모두 예수님을 주인으로 받아들인 감격을 표현하고 있습니다.

호프만 목사는 1880년부터 은퇴할 때까지 오하이오, 미시간, 일리노이를 거치면서 42년 동안 목회했는데, 특히 벤턴하버장로교회에서 33년 동안 섬겼습니다. 그곳에 있으면서 〈예수 십자가에 흘린 피로써〉(새 259), 〈주님 주실 화평〉(새 327), 〈내 모든 시험 무거운 짐을〉(새 337)을 포함해 2천여 편의 찬송을 지어 하나님께 영광을 돌렸습니다.

50 어린 병사

다니엘 휘틀(Daniel Whittle)은 남북전쟁이 한창일 때 장교로 군에 입대했습니다. 그는 21세에 빅스버그 전투에서 부상을 당해 오른팔을 절단해야 했습니다. 휘틀은 예수님을 믿지 않았지만, 병원에 입원해 있는 동안 어머니가 배낭에 넣어준 성경을 즐겨 읽었습니다. 그래서 간호사들은 그가 믿음이 좋은 사람인 줄 알았습니다.

어느 날 밤, 입원실에서 자고 있던 휘틀을 간호사가 흔들어 깨왔습니다. 다른 병실에 있는 병사가 위독하니 한번 살펴달라는 것이었습니다. 휘틀은 정신없이 간호사를 따라나섰습니다. 병실에 가보니 아주 어려 보이는 병사가 고통으로 신음하고 있었습니다.

어린 병사는 휘틀을 보자마자 작은 소리로 간절히 부탁했습니다. "제발 저를 위해 기도해주세요…." 예수님을 믿지 않았던 휘틀은 한 번도 기도해 본 적이 없었기에 그냥 성경을 읽어주었습니다. 그런데 성경을 읽어주다 보니 이상하게도 예수님의 구원 사역이 확고히 믿어지기 시작했습니다. 신음하는 어린 병사를 위해 성경을 읽어주는 동안 회심을 경험한 것입니다.

잠시 후 휘틀은 자신이 막 깨달은 예수님의 십자가 사건을 병사에게 짧게 전한 후 그의 손을 잡고 기도했습니다. 기도를 마치고 눈을 뜨니 청년은 이미 숨을 거둔 상태였습니다. 그 일은 휘틀에게 평생 잊을 수 없는 사건이 되었습니다. 그때부터 휘틀은 하나님과 동행하기 시작해 복음 전하는 일에 일생을 걸었습니다.

군에서 제대한 휘틀은 목사가 되었습니다. 1883년 어느 날, 휘틀 목사는 성령의 임재에 대한 설교를 준비하고 있었습니다. 말씀을 찾던 중 에스겔 34장 26절이 새롭게 다가왔습니다. "내가 그들에게 복을 내리고 내 산 사방에 복을 내리며 때를 따라 소낙비를 내리되 복된 소낙비를 내리리라" 휘틀 목사는 말씀에서 받은 영감을 찬송으로 써내려갔습니다. 이것이 성령을 갈망하는 찬송 〈빈 들에 마른 풀같이〉입니다.

복의 소낙비 내리리라.
  There shall be showers of blessing:

이것은 사랑의 약속이라.
  This is the promise of love;

새롭게 되는 계절이 오리니
  There shall be seasons refreshing,

하늘의 구세주가 보내신 것이라.
  Sent from the Savior above.

복의 소낙비, 우리에게 필요한 복의 소낙비,
  Showers of blessing, Showers of blessing we need:

자비의 빗방울이 우리 주위에 떨어지니
  Mercy-drops round us are falling,

우리가 간절히 구하던 소낙비로다. (찬송 원문)
  But for the showers we plead.

이 찬송은 성령을 소낙비처럼 내려주시길 간절히 원하고 있습니다. 사도 바울은 술 취하지 말고 성령으로 충만하라(엡 5:19)고 말했습니다. 성령과 술은 사람을 취하게 만드는 힘이 있습니다. 그러나 열매는 전혀 다릅니다. 술에 취하면 옳고 그름을 제대로 분별할 수 없지만, 성령에 취한 사람은 해야 할 것과 금해야 할 것을 분별할 줄 압니다. 술은 사람의 몸과 마음 그리고 영혼을 파멸로 몰아가지만, 소낙비처럼 쏟아지는 성령은 우리를 날마다 새롭게 합니다.

우리는 성령으로 채워지지 않으면 한 발자국도 주님 뜻대로 나아갈 수 없습니다. "오직 성령으로 충만함을 받으라"(엡 5:18)는 명령은 한 번으로 끝나는 것이 아닙니다. 지속적으로 성령을 채우고 또 채워야 합니다. 그러기 위해서는 우리의 심령을 깨끗이 비우는 겸손한 노력이 필요합니다. 우리의 심령이 정결해질 때 하나님이 소낙비 같은 성령으로 찾아오실 것입니다.

성령으로 채워지지 않은 사람들에게 하나님의 은혜에 대한 감화는 있을 수 없습니다. 빈 들에 마른 풀같이 영혼이 시들었기 때문입니다. 메마른 땅에 단비를 내리시듯 성령이 단비처럼 쏟아져 첫사랑을 회복해야 합니다.

성령은 심령부흥회에서만 채워지는 것이 아닙니다. 날마다 순간순간 우리 심령은 성령으로 가득할 수 있습니다. 주님이 내 안에 거하시고, 내가 주님 안에 거할 때 그것이 가능합니다. 우리는 성령 충만을 늘 간구해야 합니다.

"가물어 메마른 땅에 단비를 내리듯, 오늘도 성령의 단비를 부어주옵소서!"

51 의사가 된 목사

미국 볼티모어 출신 러셀 카터(Russell Carter)의 꿈은 군인이 되는 것이었습니다. 카터는 20세에 펜실베이니아 사관학교를 졸업하고 모교에 남아 생도들을 가르쳤습니다. 그런데 3년쯤 지났을 때, 갑자기 몸에 이상이 생겼습니다. 심장병에 걸린 것입니다. 카터는 병을 고치려고 노력해 보았지만 좀처럼 나아지지 않았습니다.

점점 건강이 악화되자 직장을 그만두고 캘리포니아의 한 목장으로 떠났습니다. 한적한 시골에서 요양할 생각이었습니다. 3년간 그곳에서 요양해 보았지만 나아질 기미가 보이지 않았습니다. 그는 다시 부모님 집으로 돌아왔습니다.

카터는 얼마 전까지만 해도 스스로 꽤 괜찮은 그리스도인이라고 생각했는데, 어려움 앞에서 약해져가는 자신을 보니 참 실망스러웠습니다. 이젠 건강이 더 악화되어 의사도 손을 쓸 수 없을 정도였습니다.

그러던 어느 날 손이 가는 대로 성경책을 뒤적이는데, 성경에 기록된 내용이 하나님의 음성으로 들려왔습니다. 그때 하나님이 치료해 주실 거라는 확신이 들었습니다. 카터는 죽고 사는 것에 연연하지 않겠다고 마음먹고는 무릎 꿇고 간절히 기도했습니다. "주님이 저를 살려주시든 목숨을 가져가시든 저는 괜찮습니다. 어떻게 하시든지 이제부터 제 삶을 주님께 드리겠습니다." 그 순간 성경 말씀이 살아있는 하나님의 말씀으로 다가왔습니다. 카터는 하나님의 은혜로 기적적으로 병이 나았습니다.

모든 일에 뛰어났던 카터는 몇 달 후 사관학교에 복직했습니다. 그때부터 감리교 모임에 정기적으로 참석하며 거룩한 삶을 살려고 노력했습니다. 카터는 1880년대에 『치유의 기적』(*Miracles of Healing*, 1880)과 『왕국』(*The Kingdom*, 1886) 등을 집필했습니다.

1886년 어느 날 문득, 죽음의 문턱에 서 있던 자신을 살려주신 하나님의 은혜를 떠올렸습니다. 그는 하나님의 말씀 위에 서서 죽기까지 주님을 섬기겠다고 굳게 다짐했습니다. 이 다짐을 노래한 것이 〈주님 약속하신 말씀 위에 서〉입니다.

나의 왕이신 그리스도의 약속 위에 굳게 서서
Standing on the promises of Christ my King,

영원토록 그를 찬송하리라.
Through eternal ages let His praises ring,

가장 높은 곳에서 영광이라, 나 외치며 노래하리라.
Glory in the highest, I will shout and sing,

하나님의 약속 위에 굳게 서서.
Standing on the promises of God.

굳게 서 있네, 굳게 서 있네,
Standing, standing,

나의 구원자이신 하나님의 약속 위에 굳게 서 있네.
Standing on the promises of God my Savior;

굳게 서 있네, 굳게 서 있네,
Standing, standing,

나는 하나님의 약속 위에 굳게 서 있네. (찬송 원문)
I'm standing on the promises of God.

우리는 이 찬송을 부를 때마다, 역경 가운데서도 하나님의 말씀 위에 굳게 서리라 다짐합니다. 성도는 하나님의 약속을 의지할 때 흔들리지 않습니다. 이 험한 세상을 이길 힘은 오직 주님의 말씀에서 나옵니다. 그래서 말씀을 읽고 듣는 일을 게을리하지 말아야 합니다.

주님의 말씀에 굳게 서 있는 성도들은 어떤 상황에서도 말씀 앞에서 '아멘'으로 화답합니다. 믿음은 '아멘'으로 하나님을 향한 신뢰를 표현하는 것입니다. 하나님의 약속을 그대로 믿는 것입니다. '아멘'은 과거 현재 미래 그 어느 때든지 하나님의 약속이 이루어질 것을 믿는다는 최고의 고백입니다.

당신은 주님이 약속하신 말씀 위에 굳게 서 있습니까? "아멘" 했다가도 넘어질 수 있습니다. 그럴 때 두려워하지 말고 포기하지 않으면 다시 일어설 수 있습니다. 내가 일어나는 것이 아니라 나를 일으키시는 분이 하나님이기 때문입니다.

카터는 38세가 되던 1887년에 사관학교를 그만두고 2년 후에 목사 안수를 받았습니다. 목회에 전념하기 위해 내린 결정이었습니다. 전도에 힘쓰던 그는 나중에 육체의 병까지 고쳐주는 의사가 되었습니다. 그는 사람들의 영과 육을 치료하며 79세까지 아름다운 생애를 살았습니다.

. . .

1. 신자 되기 원합니다, 진심으로 진심으로.
   신자 되기 원합니다, 진심으로 진심으로 진심으로.
   신자 되기 원합니다, 진심으로.

2. 사랑하기 원합니다, 진심으로 진심으로.
   사랑하기 원합니다, 진심으로 진심으로 진심으로.
   사랑하기 원합니다, 진심으로.

3. 거룩하기 원합니다, 진심으로 진심으로.
   거룩하기 원합니다, 진심으로 진심으로 진심으로.
   거룩하기 원합니다, 진심으로.

4. 예수 닮기 원합니다, 진심으로 진심으로.
   예수 닮기 원합니다, 진심으로 진심으로 진심으로.
   예수 닮기 원합니다, 진심으로.

52 주인을 용서한 노예

아무리 열심히 살아도 인생이 헛되고 고달프게 느껴질 때가 있습니다. 이 땅에는 참 자유와 기쁨이 없기 때문입니다. 캄캄한 긴 터널을 지날 때는 지쳐 쓰러질 수밖에 없습니다. 터널 끝에 햇빛이 비칠 거라는 희망이 없다면 일어날 힘조차 낼 수 없을 것입니다.

노예들의 삶이 그랬습니다. 아프리카에서 팔려온 노예들에게는 잠 잘 자유조차 없었습니다. 이른 아침 눈을 뜨면 보이는 것은 끝없이 펼쳐진 농장이었습니다. 노예들은 하루종일 그 광활한 농장에서 짐승처럼 일만 했습니다. 그들은 물건처럼 사고 팔렸고, 그들의 목숨은 주인의 것이었습니다. 차라리 죽는 게 나을 정도였습니다.

그런데 한 줄기 빛이 그들을 인간의 모습으로 남게 했습니다. 모든 삶은 철저히 박탈당했지만, 천국을 향한 그들의 소망까지 빼앗을 수는 없었습니다. 노예들은 오로지 하늘을 바라보며 괴로운 나그넷길을 달렸습니다. 그들이 가슴속으로부터 토해낸 천국의 소망을 담은 노래가 흑인영가(Negro Spiritual)입니다. 대부분의 흑인영가는 영원한 천국을 갈망하는 내용입니다. 그들의 노래는 문학성을 아랑곳하지 않는 울부짖음이며, 입이 아니라 가슴으로 부르는 영혼의 노래입니다.

18세기 미국의 농장지대인 버지니아 하노버에는 많은 노예가 살고 있었습니다. 그들에게 주일은 하나님을 예배하며 천국의 자유를 누릴 수 있는 유일한 시간이었습니다. 어느 주일 예배시간에 한 흑인 노예가 윌리엄 데이비스(William Davies) 목사에게 다가와 고백했습니다. "목사님, 저는 그리스도인이 되기 원해요."(Sir, I want to be a Christian). 이 말은 참 자유를 갈망하는 노예들의 마음을 대변한 울부짖음이었습니다. 이 이야기가 입에서 입으로 전해지면서 자연스럽게 가사가 완성되고 음악이 만들어졌습니다. 영원한 자유를 품고 주인을 용서한 노예의 마음이 표현된 〈신자 되기 원합니다〉입니다.

　참 자유를 얻으려면 천국시민, 즉 신자가 되어야 합니다. 신자가 되겠다는 말은 주님을 따르며 섬기겠다는 뜻입니다. 농장 주인을 섬기는 노예가 아니라 참 자유를 주시는 예수님의 종이 되겠다는 의미입니다. 주일마다 교회에 다닌다고 신자가 아닙니다. 봉사하고, 성도들과 교제하며, 찬송을 부른다고 성도가 아닙니다. 주님을 온전히 따르지 않으면 그저 형식적인 그리스도인일 뿐입니다. 노예가 주인을 섬기듯 예수님을 주인으로 섬기는 자가 신자입니다.

　또 이 찬송 가사에는 그리스도인으로서 사랑하기를 간절히 원하는 마음이 잘 표현되어 있습니다. 주님이 원수도 사랑하라고 말씀하셨듯, 비록 노예지만 원수 같은 주인을 사랑하고자 하는 마음이 잘 드러나 있습니다. 예수님은 제자들에게 말씀하셨습니다. 서로 사랑하면 그들이 주님의 제자인 줄 모든 사람이 알 것이라고 말입니다. 〈사랑〉을 작곡한 정두영 목사의 노래 중 〈새 계명을 주노니〉에 참된 사랑의 모습이 잘 나타나 있습니다.

새 계명을 주노니 서로 사랑하라.
내가 너희를 사랑함 같이 서로 사랑하라.

사랑하지 않으면 아무 유익 없네.
내가 천사의 방언을 해도 무슨 소용 있나.
서로 사랑하면 서로 사랑하면
우리 하나님 자녀가 되리 서로 사랑하면.

은혜 받은 형제여 서로 사랑하자.
오래 참음과 용서함으로 서로 사랑하자.
서로 사랑하자 서로 사랑하자.
주님 우리를 사랑함 같이 서로 사랑하자.

하나님의 부르심은 신분과 행함의 차원으로 나누어 생각할 수 있습니다. 첫 단계는 하나님이 우리를 그리스도인으로 부르신 것이며, 둘째 단계는 행함의 단계로서 거룩한 나라의 구별된 백성으로 부르신 것입니다. 하나님은 "내가 거룩하니 너희도 거룩하라"(벧전 1:15-16)고 말씀하십니다. 그러므로 신자는 날마다 성화되어야 합니다.

우리는 죄성 때문에 결코 예수님을 완전히 닮을 수 없습니다. 그러나 예수님을 닮도록 끊임없이 노력해야 합니다. 사도 바울은 성도들에게 무엇에든지 참되며, 경건하며, 옳으며, 정결하며, 사랑받을 만하며, 칭찬받을 만하며, 덕스러운 일을 하라고 권면합니다(빌 4:8).

〈신자 되기 원합니다〉는 속으로부터 끓어오르는 진실한 갈망을 표현합니다. 자기 자신에게 선포하는 강력한 설교와도 같습니다. 우리는 종교인이 아니라 주님 안에서 참 자유를 누리는 신자가 되어야 합니다. 노예들은 자유를 얻기 위해 천국의 시민이 되기 원한다고 고백했습니다. 우리도 지금은 나그넷길을 걷고 있지만, 천국의 소망을 두고 늘 외쳐야 합니다.

"참 신자가 되기 원합니다. 진심으로!"

53 아버지의 세계를 보러 갑니다

아름답게 펼쳐진 자연을 보고 있는 그리스도인이라면 누가 시키지 않아도 소리 높여 부르는 찬송이 있습니다.

참 아름다워라 주님의 세계는
저 솔로몬의 옷보다 더 고운 백합화

아름다운 꽃을 보면 콧노래가 절로 나옵니다. 하나님이 창조하신 우주 만물을 바라보면 감탄을 멈출 수 없습니다. 우주에 나타난 하나님의 권능을 보면 경외감으로 주님을 찬양할 수밖에 없는 것입니다.

하나님의 영원하신 능력과 신성이 하나님이 지으신 자연에 드러나 있기에, 우리는 하나님을 모른다고 핑계할 수 없습니다(롬 1:20). 우주 만물과 그 질서와 능력을 보면서도 하나님을 모른다고 변명하는 것은 자신을 속이는 것입니다. 어리석은 사람들은 세상을 바라보면서도 주님을 부정합니다.

이 세상을 만든 이를 모르노라 한다고 창조자가 없어지는 것은 아닙니다. 하늘은 하나님의 영광을 선포하고, 궁창은 그의 솜씨를 나타낸다고 성경은 분명히 선포합니다(시 19:1). 하나님은 영광을 받으시기 위해 우주 만물을 창조하셨습니다. 하나님은 아름다운 꽃과 나무, 산과 강, 웅장한 나이아가라 폭포뿐 아니라 태양계 그리고 수많은 은하계를 지으셨습니다.

천지 만물에 수놓인 주님의 손길을 느끼며 감격을 토해낸 사람이 있습니다. 미국의 뱁콕(Maltbie Babcock) 목사입니다. 미국 뉴욕주 시러큐스에서 태어난 뱁콕은, 시러큐스대학과 오번신학교를 졸업했습니다.

뱁콕은 예체능은 물론이고 학문에도 모자람이 없는 다재다능한 학생이었습니다. 노래와 악기 연주에 능했고 음악성이 뛰어나 합창단과 오케스트라를 지휘했습니다. 목회자가 되지 않았다면 음악가가 됐을 거라고 말할 정도였습니다. 야구 실력이 수준급이

었고, 수영도 선수로 활동할 만큼 잘했습니다. 이렇게 재능이 많
았지만 하나님은 그를 목회자로 세우셨습니다.

뱁콕은 28세에 신학교를 졸업하자마자 뉴욕 주의 락포트 제일
장로교회에서 목회를 시작했습니다. 그곳은 동쪽으로 나이아가
라 폭포가 있고, 온타리오 호수에서 멀지 않은 곳입니다.

뱁콕은 호수 주변을 거닐며 자연의 아름다움을 만끽했습니다.
하나님의 작품을 즐겼던 것입니다. 그는 항상 "내 아버지의 세계
를 보러 갑니다."(I'm going out to see my Father's world)라는 말을
시작으로 산책을 나섰습니다. 얼마나 확신에 찬 멋진 말인지 모
릅니다.

어느 날, 그는 철 따라 변하는 자연을 보며 떠오르는 감동을 적
었습니다. 이것이 〈참 아름다워라〉입니다.

여기가 내 아버지의 세상이라.
This is my Father's world,

내 귀에 들리는 소리 있으니
And to my listening ears

자연 만물이 노래하며 내 곁에서
All nature sings, and round me rings

천체의 음악이 울려 나네.
The music of the spheres.

여기가 내 아버지의 세상이라.
This is my Father's world:

내가 묵상하며 쉼을 누리네.
 I rest me in the thought

바위와 나무 하늘과 바다
 Of rocks and trees, of skies and seas;

주의 손길로 지으신 놀라운 것들. (찬송 원문)
 His hand the wonders wrought.

　어리석게도 사람들은 자연을 보면서도 하나님의 존재를 부정합니다. 그러나 귀 있는 자는 하나님의 말씀을 듣고, 눈 있는 자는 꽃과 나무 그리고 산을 보며 하나님을 느낍니다. 이 아름다운 자연을 보며 어찌 창조주 하나님을 찬양하지 않을 수 있습니까!

　뱁콕 목사는 28세에 뉴욕 주의 락포트 제일장로교회에서 사역하다가, 볼티모어 브라운메모리얼장로교회로 사역지를 옮겨 14년간 하나님을 섬겼습니다. 그 당시 존스홉킨스대학에서 설교하고 강의했는데, 학생들 사이에서 꽤 인기가 좋았습니다.

　41세 되던 해에 헨리 반 다이크(Henry van Dyke)의 뒤를 이어 뉴욕의 브릭장로교회에서 1년 반 동안 섬기고 성지순례를 떠났습니다. 뱁콕 목사는 성지로 가기 위해 선편으로 여행하던 중 전염병에 감염되어 43세의 나이로 짧은 생을 마감했습니다.

54 나는 당신의 것입니다

패니 크로스비(Fanny Crosby)의 이야기는 비극으로 시작됩니다. 생후 6주 된 여자아기가 독감에 걸려 병원에 갔습니다. 열이 펄펄 끓고 눈이 빨갛게 충혈되었는데, 아기의 상태를 본 의사가 독감이 아니라 눈병으로 오진했습니다. 그러고는 매운 겨자로 만든 연고를 눈에 바르도록 처방을 내렸습니다. 이 일로 크로스비는 시력을 완전히 잃었습니다.

게다가 크로스비가 태어난 지 1년도 채 안 되어 아버지마저 돌아가셔서 어머니가 생계를 책임져야 했습니다. 결국 크로스비는 할머니 손에서 자라게 되었습니다. 할머니가 들려주는 성경말씀은 크로스비에게 귀한 자산이 되었습니다.

성경을 가까이한 크로스비는 말씀 읽기와 기도를 게을리하지 않았고, 늘 감사하는 삶을 살았습니다. 그리고 어디를 가든지 성경을 가지고 다녔습니다. 또 무슨 일을 하든지 무릎을 꿇고 기도한 후에 시작했습니다. 예수님을 만난 크로스비의 운명은 완전히 바뀌었습니다. 절망으로 뒤덮인 삶이 희망으로 가득하게 된 것입니다.

크로스비가 54세 때, 하루는 신시내티에 있는 교회에 초청을 받았습니다. 크로스비는 교회 숙소에 머무르지 않고 가깝게 지내던 작곡가 윌리엄 돈(Willam Doane)의 집에서 묵었습니다.

그날 저녁 그들은 삶 가운데 늘 가까이 계신 하나님에 대해 이야기를 나누었습니다. 잠자리에 들기 전 크로스비가 히브리서를 펴들고 "참 마음과 온전한 믿음으로 하나님께 나아가자"(히 10:22)라는 말씀을 묵상하는데, 저녁에 윌리엄 돈과 나눴던 대화가 떠올랐습니다.

그 순간 "너는 내 것이라" 말씀하시는 주님의 음성이 들렸습니다. 크로스비는 무릎 꿇고 기도했습니다. "오, 주님 저는 당신의 것입니다. 제가 주님께 더욱 가까이 이끌리길 원합니다." 크로스비는 친구와 나누었던 대화를 떠올리고 성경말씀을 읽으며 그 감동을 글로 옮겼습니다. 이것이 〈주의 음성을 내가 들으니〉라는 찬송입니다.

오 주여, 저는 당신의 것입니다.
 I am Thine, O Lord,

저는 당신의 음성을 들었습니다.
 I have heard Thy voice,

당신께서 저를 사랑하신다는 말씀이었습니다.
 And it told Thy love to me;

하지만 저는 믿음이 더 자라길 원하며,
 But I long to rise in the arms of faith

주님께 더욱 가까이 이끌리길 원합니다.
 And be closer drawn to Thee.

복된 주여, 저를 더 가까이 더 가까이 이끄소서.
 Draw me nearer, nearer blessed Lord,

주께서 돌아가신 십자가로
 To the cross where Thou hast died.

복된 주여, 저를 더 가까이 더 가까이 이끄소서.
 Draw me nearer, nearer, nearer blessed Lord,

주의 귀한 보혈 흘리시는 옆구리로. (찬송 원문)
 To Thy precious, bleeding side.

이 찬송은 하나님과 가까이 있게 해달라는 간절한 간구입니다. 우리가 주님의 것이 되길 원하기 전에, 주님께서 먼저 우리를 자녀 삼아주셨습니다. 1절처럼 우리는 우리에게 사랑을 고백하시는 주님의 음성을 듣습니다. 귀가 아니라 살아있는 성경 말씀을 통해 주님의 음성을 듣습니다.

성경을 늘 가까이하며 살았던 크로스비는, 말씀을 통해 하나님을 만나고 주님의 음성을 들었습니다. 2절 가사처럼 우리는 우리 뜻을 이루기 위해 기도할 것이 아니라, 내가 품은 뜻이 주님의 뜻과 같아지도록 주님의 뜻을 구해야 합니다.

찬송을 부르다보니 김정준 목사의 「너는 내 것이라」라는 시가 생각납니다. "내 과거나 현재도 죄뿐이요. 또 내 미래도 거룩한 보증을 할 수 없건만, 그저 주님은 나를 주님의 것이라 말씀하시나이다. 다만 주님이 '너는 내 것이라' 하심으로 인하여 이것은 주님의 것이옵니다." 우리는 하늘을 두루마리 삼고 바다를 먹물 삼아도 이 같은 주님의 사랑을 다 기록할 수 없습니다!

> 주님은 나를 주의 것이라 하시지만
> 나는 또 몇 번이나
> 주님을 배반할지 모르겠는데
> 그래도 주님은 주님의 것이라 말씀하시나이다.

55 샌프란시스코의 일본인

일본에는 '쓰'(津)라는 도시가 있습니다. '나루터'라는 뜻을 가진 '쓰' 시는 일본에서 이름이 가장 짧은 도시입니다. 이 도시에 기차역이 있는데, 역 이름 역시 '쓰' 역입니다. 이 기차역은 세계에서 이름이 가장 짧은 역으로 세계 기네스 기록에 등재되어 있습니다. '쓰' 역에서 내리는 승객은 아마도 역을 알려주는 안내방송을 매우 집중해서 들어야 할 것 같습니다.

사사오 테츠사부로(笹尾鉄三郎)는 쓰 시 출신입니다. 19세기 중반에 태어난 사사오는 중학교에 다니다가 갑자기 찾아온 폐렴으로 죽을 고비를 여러 번 넘겼습니다. 간신히 살아난 그는 18세에 중학교를 졸업하고 해군에 지원했습니다. 신체검사를 받았지만, 폐렴을 앓은 이력 때문에 불합격 판정을 받았습니다.

그래서 이번에는 무역업을 해볼 생각으로 도쿄로 갔습니다. 게이오기주쿠대학에서 경영학을 배우고, 미국에 가서 본격적으로 무역업을 시작할 계획이었습니다. 그런데 당시 학교의 설립자이자 학장이 사사오의 영리함을 알아보고 후계자로 삼고 싶어했습니다. 사사오는 달콤한 제의에 잠시 갈등했지만 곧 거절하고 미국으로 건너갔습니다.

1888년 따스한 봄날, 무역업자로 성공해 보려는 야망을 품은 20세 일본인 사사오는 미국 샌프란시스코에 도착했습니다. 그는 우선 하숙집을 찾아 들어갔습니다. 소개받은 하숙집은 어느 미국 목사님이 운영하는 곳이었습니다. 그런데 사사오가 불교도라는 것을 알게 된 목사님은, 매일같이 하나님께 눈물 흘리며 젊은 일본인 하숙생을 위해 기도했습니다. 목사님과 사사오 사이에는 높은 언어의 장벽이 있었지만, 목사님은 최대한 쉬운 말로 차근차근 복음을 전했습니다.

"사사오 형제, 당신은 무역업으로 성공하기 위해 미국까지 왔습니다. 그런데 아무리 큰 야망을 이루어도 어차피 죽으면 다 끝입니다. 내면의 두려움을 인정하세요. 그리고 하나님께 영원한 죽음

사사오는 하숙집 목사님과 이야기하며 기독교를 알아갔습니다. 자신이 믿고 있는 불교는 자기가 우주와 하나가 되기 위해서는 좋은 업(業, karma)을 쌓으려 혹독하게 노력해야 한다고 가르쳤는데, 기독교는 전혀 달랐습니다. 기독교는 예수님이 이미 이루신 업적을 믿고 즐거워하면 구원받는다고 가르쳤습니다. 하나님이신 예수님이 죄 없이 사시고, 십자가에 매달려 죽으시고, 3일 후에 부활하신 것을 믿는 자는, 하나님께 지은 죄를 깨끗이 용서받고 영원한 생명을 얻는다는 사실을 배우게 된 것입니다.

미국에 온 지 7개월이 흐른 12월 30일, 사사오는 예수님을 만나게 되었습니다. 무역업으로 떼돈을 벌어보려고 미국에 왔지만, 주님을 만난 후로 더 이상 일이 손에 잡히지 않았습니다.

사사오는 자기처럼 죽음의 문제를 해결하지 않은 채 쏜살같이 지나가는 인생을 즐겨보려고 미국으로 건너오는 일본인들에게 예수님을 소개하고 싶었습니다. 그래서 샌프란시스코 일본인 교회의 전도사가 되어 주일학교를 섬겼고, 나중에는 시애틀에서 전도에 매진했습니다.

26세가 된 사사오는 자신이 받은 은혜를 일본에 전하기 위해 도쿄로 돌아왔습니다. 그는 도쿄에서 영국인 벅스턴(Barclay Buxton) 선교사를 만났습니다. 벅스턴 선교사는 영어로 소통이 가능한 사사오와 함께 전도활동을 벌였습니다. 벅스턴 선교사는 『구원의 노래』(救いの歌, 1894)라는 일본 성결교 찬송집을 출판하기

위해 준비 중이었는데, 사사오가 그를 돕기로 했습니다. 찬송가 책을 편집하던 사사오는 직접 찬송 몇 편을 짓기도 했습니다. 그 때 사사오가 지은 찬송 가운데 하나가 하나님의 크신 은혜를 노래하는 〈지금까지 지내온 것〉입니다.

지금까지 지내온 것
주의 크신 은혜라.
한이 없는 주의 사랑
어찌 이루 말하랴.

자나 깨나 주의 손이
항상 살펴주시고,
모든 일을 주 안에서
형통하게 하시네.

수많은 일본인에게 하나님의 한없는 사랑을 전했던 사사오는 46세에 하늘나라로 갔습니다. 사사오가 죽고 8년 후에 태어난 한국인 박재훈 목사가 이 노래의 작곡자입니다. 박재훈 목사는 60세의 나이에 목사 안수를 받고, 1984년 캐나다 토론토에 큰빛장로교회를 개척했습니다. 지금 박재훈 목사는 그곳에서 원로목사로 섬기며 작품활동을 하고 있습니다.

56 보험설계사

토마스 치솜(Thomas Chisholm)은 미국 켄터키의 어느 시골마을 통나무 움막에서 태어났습니다. 치솜은 불우한 환경에서 자랐습니다. 치솜은 교사가 되는 것이 꿈이었지만, 집이 너무 가난하여 고등교육을 받을 수 없었습니다. 그러나 독학으로 공부해 마침내 교사가 되었습니다.

치솜이 교사로 첫발을 내디딘 학교는 그가 다니던 학교였습니다. 그러나 몇 년 되지 않아 건강 문제로 더 이상 학생들을 가르칠 수 없게 되었습니다.

교사를 그만둔 치솜은 신문 편집인, 목회자, 보험설계사 등 다양한 일들을 시도해 보았습니다. 허약한 몸 때문에 한 직장에 오래 머물 수 없었기 때문입니다.

치솜은 21세에 주간신문인 〈프랭클린 페이버릿〉의 편집자가 될 정도로 글 쓰는 재주가 뛰어났습니다. 27세 때 그는 고향에서 열리는 부흥집회에 참석했는데, 거기서 헨리 모리슨의 메시지를 듣고 감동을 받아 예수님을 영접했습니다.

예수님과 깊은 사랑에 빠진 치솜은 36세에 감리교 목사가 되어 사역을 시작했지만, 안타깝게도 질병으로 1년도 채 되지 않아 목회를 접을 수밖에 없었습니다. 하는 수 없이 여러 해 동안 뉴저지에 머물며 보험설계사로 쉬엄쉬엄 일했습니다. 치솜은 몸이 약해 하나님의 일을 전적으로 하지 못하는 것이 못내 아쉬웠습니다.

어느 날 치솜이 예레미야애가 3장을 읽고 있을 때였습니다. 슬픔 중에 희망을 찾은 예레미야 말씀이 자신의 고백으로 다가왔습니다. "여호와의 사랑은 한결같고, 여호와의 자비는 끝이 없다. 주의 사랑과 자비가 아침마다 새롭고 주의 진실과 참되심이 크도다."(애 3:22-23, 쉬운성경).

치솜은 건강 악화로 인한 고난 중에도 신실하게 지켜주신 하나님을 다시 보게 되었습니다. 그는 몸이 연약해 어떤 일도 제대로 감당할 수 없을 때조차 품어주신 하나님의 신실하심을 글로 표현했습니다. 이것이 〈오 신실하신 주〉입니다.

오 하나님 아버지, 당신의 신실하심이 크십니다.
Great is Thy faithfulness, O God my Father;

당신은 회전하는 그림자도 없으시며
There is no shadow of turning with thee,

당신의 자비로움은 실패하지 않고 변하지 않으시며
Thou changest not, Thy compassions they fail not,

영원토록 변함이 없으십니다.
As thou has been, thou forever will be.

당신의 신실하심이 크십니다!
Great is Thy faithfulness!

아침마다 새로운 자비를 제가 바라봅니다.
Morning by morning new mercies I see

제게 필요한 모든 것 주의 손을 통해 공급하시니
All I have needed Thy hand hath provided

제게 베푸신 당신의 신실하심이 크십니다! (찬송 원문)
Great is Thy faithfulness, Lord unto me!

치솜은 몸이 쇠약했을 때 이 찬송을 지었지만, 결코 비극을 노래하지 않습니다. 주님의 신실하심 때문에 소망이 넘친다고 노래합니다. 그는 삶을 통해 느낀 주님의 신실하신 사랑을 고백합니다. 신실하신 하나님은 어제나 오늘이나 변하지 않으십니다(1절). 언제나 동일하신 주님은 그 자리에 계시는데, 우리가 변하는 것입니다.

하나님이 만드신 우주 만물도 하나님의 영광을 드러냅니다(2

절). 그러나 사람들은 미련하여 썩어질 우상을 숭배하며 제 갈 길로 갈 때가 많습니다.

현실에는 말할 수 없는 고통이 늘 있지만, 우리에게는 소망이 있습니다(3절). 주님이 힘이 되시기 때문입니다. 예레미야의 고백처럼 우리를 날마다 일으키시는 주님의 사랑과 긍휼이 새롭습니다.

치솜이 〈오 신실하신 주〉를 쓰고 18년쯤 지났을 때, 그는 이 찬송에 대해 이렇게 고백했습니다.

"저는 어렸을 때부터 지금까지 건강이 나빠서 많은 돈을 벌지는 못했어요. 하지만 저는 언약을 지키시는 하나님의 변함없는 신실함과 놀라운 보살핌을 이 시에 기록할 수밖에 없었어요. 지금도 하나님의 은혜를 생각하면 감사가 솟구쳐 올라요."

그의 허약한 몸이 그를 더 겸손하게 만들었습니다. 놀랍게도 치솜은 94세까지 살면서 1,200편의 찬송시를 지어 하나님을 영화롭게 했습니다. 그가 지은 찬송 가운데 〈오 신실하신 주〉는 무디성경학교의 비공식 교가로 사용될 정도로 많이 불렀습니다. 이 노래는 조지 쉬아(George Shea)가 '빌리 그레이엄 전도대회'에서 불러 세계적으로 알려졌습니다.

57 그리워라, 애니 로리

1834년쯤 스코틀랜드의 존 스코트(John Scott)가 〈애니 로리〉라는 사랑의 시에 곡을 붙였습니다. 차분한 곡조가 애절한 사랑이야기와 조화를 이룹니다.

실제로 있었던 이야기를 가사로 담고 있어서, 사람들이 이 음악을 더 좋아하는 것 같습니다. 사관생도인 청년 윌리엄 더글러스와 귀족가문의 예쁜 소녀 안나 로리는 서로 사랑했습니다. 그러나 불행하게도 그들의 사랑은 이루어질 수 없었습니다. 안나의 아버지가 두 사람의 결혼을 허락하지 않았기 때문입니다. 열 살이나 차이가 날 정도로 안나가 어렸고, 윌리엄의 성격이 거칠다는 것이 이유였습니다. 게다가 윌리엄이 영국 왕위에서 쫓겨난 제임스 2세를 지지하는 것도 못마땅했습니다.

안나는 가족들의 심한 반대로 첫사랑인 윌리엄을 만날 수조차 없었습니다. 시간이 많이 흘렀지만 윌리엄 역시 마음속에 자리 잡은 안나를 지울 수 없었습니다. 윌리엄이 안나를 그리워하며 쓴 시가 〈애니 로리〉입니다. 애니 로리는 안나 로리의 애칭입니다.

옛날 거닐던 강가에 이슬 젖은 풀잎
그리워라 애니 로리 언제나 오려나.
그대와 만나던 세월 흘렀어도
그리워라 애니 로리 꿈속에 보이네.

제아무리 뜨거웠던 사랑도 시간이 지나면 식기 마련입니다. 그러나 하나님의 사랑은 영원히 변하지 않습니다. 주님의 아낌없는 사랑은 언제나 동일합니다.

잠깐의 사랑을 노래한 〈애니 로리〉의 곡조에 맞추어 천국의 소망을 찬송 가사로 만든 사람이 있습니다. 미국의 존 로지어(John Lozier) 목사입니다. 그는 꿈처럼 사라질 사랑 대신에, 주님의 자녀들이 부를 천국의 소망을 노래했습니다. 그가 쓴 찬송이 바로

〈하늘 가는 밝은 길이〉입니다.

> 하늘 가는 밝은 길이
> The bright, heavenly way, before me,
>
> 내 눈 앞에 명확하게 보이니
> Lies clearly in my sight
>
> 아프고 슬픈 일이 나를 가로막고
> And though sorrows sore beset me,
>
> 어두운 밤 같은 시험이 닥쳐와도
> And troubles black as night,
>
> 하늘의 영광이
> At the splendor from the skies
>
> 어두운 그늘을 전부 헤치니
> Every darkling shadow flies,
>
> 예수 은혜 신뢰하여
> While we trust the grace of Jesus
>
> 항상 그 빛을 보도다. (찬송 원문)
> And look ever to that Light.

아무리 아름답게 느껴지는 사랑도 주님의 사랑과 비교할 수 없습니다. 친구와의 우정도 남녀의 사랑도 시간이 흐르면 잊혀지고 변합니다. 그러나 주님의 사랑은 절대 변하지 않습니다.

〈애니 로리〉는 불완전한 남녀의 사랑을 노래합니다. 그러나 〈하늘가는 밝은 길이〉는 밝히 보이는 천국의 소망을 노래합니다. 예수님의 십자가 공로를 의지하여 빛과 생명이 되신 주님을 영원토록 만나는 희망의 노래입니다.

이 세상 나그넷길은 슬픈 일과 고생으로 가득합니다. 세상 사는 동안에는 염려와 근심 그리고 온갖 시험이 끊이지 않습니다. 그러나 천국은 아름다움으로 가득한 곳입니다. 우리는 주님의 능력으로 주님께서 예비하신 천국에 넉넉히 이를 수 있습니다. 부족한 우리를 천국 문에서 영접해 주시는 주님을 찬양합니다.

내가 천성 바라보고 가까이 왔으니
아버지의 영광 집에 나 쉬고 싶도다.
나는 부족하여도 영접하실 터이니
영광 나라 계신 임금 우리 구주 예수라!

58 못생긴 목사님의 고백

아이작 와츠(Isaac Watts)는 영국 찬송의 아버지라고 불립니다. 영국 사우샘프턴에서 9남매 중 장남으로 태어난 와츠는 어려서부터 책 읽기를 좋아했습니다. 아버지 에녹 와츠(Enoch Watts) 집사는 아들에게 언어와 문학에 뛰어난 재능이 있음을 일찍이 알아차리고, 초등학교 때 5개 국어를 배우게 했습니다. 그리고 어머니는 와츠에게 시 짓기를 가르쳤습니다.

와츠가 살던 17세기에는 교회에서 인도자가 시편 한 줄을 읊으면 회중이 똑같이 따라하는 식으로 찬송을 했습니다. 어느 주일 예배시간, 그날도 모든 교인이 인도자를 따라서 시편을 읊고 있는데, 18세 와츠는 입을 꽉 다물고 앞만 바라보았습니다. 와츠의 반항적인 모습을 본 아버지는 화가 치밀어 올랐지만, 예배 중이라 꾹 참았습니다.

집에 돌아오자마자 아버지는 왜 교회에서 시편을 읊지 않았느냐고 와츠를 다그쳤습니다. 와츠는 기다렸다는 듯이, 그 시편에는 음악이 없고 게다가 운(rhyme)도 맞지 않아 읊을 수가 없었다고 대답했습니다. 와츠의 대답에 더 화가 치민 아버지는, 시편을 쓴 다윗보다 네가 똑똑하다면 어디 한번 찬송을 써보라고 야단쳤습니다. 와츠는 아버지의 말에 자극을 받고 찬송을 쓰기 시작했습니다.

결국 그는 복음을 주제로 한 시편을 만들어냈고, 교인들은 주일마다 와츠의 찬송을 노래하며 넘치는 은혜를 경험했습니다. 와츠의 혁신적인 시편은 영국 찬송가의 시초가 되었습니다.

그 시절 런던에는 마크레인교회라는 대형 교회가 있었습니다. 1702년, 그 교회는 복음의 열정과 세련된 문학 감각을 지닌 27세의 젊은 와츠를 담임목사로 청빙했습니다. 마크레인교회의 교인들은 젊은 와츠 목사의 은혜로운 메시지에 늘 감동했습니다.

시간이 흘러 와츠가 매주 설교할 수 없을 만큼 허약해졌을 때였습니다. 교회는 그의 몸이 괜찮을 때만 강단에 서도록 배려하면서라도 와츠 목사가 은퇴하지 않기를 원했습니다. 그 정도로 와츠 목사가 복음을 잘 전했던 것입니다.

와츠는 키가 150센티미터밖에 되지 않았습니다. 게다가 가발을 쓴 커다란 머리통과 매부리코 때문에 인상이 험악해 보였습니다. 그래서 그를 모르는 사람들은 겉모습만 보고 무시하기 일쑤였습니다. 그러나 와츠 목사는 사람들의 그런 태도에 낙심하지 않았습니다.

어느 날 와츠는 끓어오르는 죄성을 어찌하지 못하는 자신을 보고, 자기가 벌레만도 못한 존재라는 사실을 뼈저리게 절감했습니다. 그리고 죄 덩어리인 우리를 구하려고 십자가에서 못 박히신 예수님을 생각하며 한없이 눈물을 쏟았습니다. 그는 보혈로 얼룩진 주님을 생각하며 글을 쓰기 시작했습니다. 이것이 〈웬 말인가 날 위하여〉입니다.

웬 말인가 날 위하여
주 돌아가셨나.
이 벌레 같은 날 위해
큰 해 받으셨나.

이 찬송은 우리를 벌레 같은 죄인이라 일컫습니다. 그리고 죄의 추악함을 깨닫고 하나님 앞에서 철저히 회개할 것을 요구합니다. 우리는 용서받을 자격이 전혀 없는 존재입니다. 그러나 보혈의 공로를 힘입어 새로운 존재로 다시 태어날 수 있습니다. 종교개혁자 마르틴 루터는 이렇게 말했습니다.

빨래를 짜보아라. 물이 나올 것이다.

성경을 짜보아라. 피가 나올 것이다.

구약을 짜면 제물의 피가 나오고,

신약을 짜면 예수님의 피가 나올 것이다.

성경에서 피를 보지 못하면 영적 장님이다.

와츠가 지은 보혈 찬송은 십자가의 사랑을 일깨워 많은 사람을 주님께 돌아오게 했습니다. 〈나의 갈 길 다 가도록〉 등 주옥 같은 찬송을 많이 지은 크로스비는 자서전에서 이렇게 회고합니다.

"집 근처 감리교회에서 부흥집회가 열렸어요. 나는 친구와 함께 저녁마다 참석하여 평안을 구했어요. 하지만 아무리 구하고 구해도 내가 간절히 갈망하는 평화는 찾아오지 않았어요. 며칠 후, 나는 기도를 마치고 와츠 목사님이 지은 찬송을 부르고 있었어요. '늘 울어도 눈물로써 못 갚을 줄 알아 몸밖에 드릴 것 없어 이 몸 바칩니다.' 나는 5절을 계속 부르며 제단 앞으로 걸어나가 '몸밖에 드릴 것 없어 이 몸 바칩니다.'라고 고백했어요. 그때 내 영혼은 하늘의 거룩한 빛으로 충만해졌죠. 나는 펄펄 뛰면서 할렐루야를 외치며 주님을 찬양했어요."[31]

59 복남이네 어린아이 감기 걸렸네

미국도 남과 북이 나뉘어 서로 총구를 겨눈 적이 있습니다. 1861년에 시작된 남북전쟁은 4년간 미국 땅을 피로 물들였습니다. 이 전쟁은 자원이 풍부한 북군의 승리로 끝났습니다.

당시 남부 군인들은 버지니아에 있는 무기고를 습격한 북군의 노예해방 운동가 존 브라운을 붙잡아 교수형에 처했습니다. 그러고는 군인들의 사기를 북돋기 위해 "존 브라운을 썩은 사과나무에 매달았네"(They hanged John Brown to a sour apple tree)라고 노래하며 행진했습니다. 그뿐 아니라 이 노래를 "존 브라운의 아이가 감기 걸렸네"라며 우스꽝스럽게 고쳐 부르기도 했습니다. 북군은 같은 곡조에 맞추어 "남군 대통령 제퍼슨 데이비스를 썩은 사과나무에 매달았네"라고 맞받아쳤습니다. 이 곡조가 바로 우리가 부르는 〈마귀들과 싸울지라〉의 멜로디와 같습니다.

이 곡은 1856년쯤 미국 필라델피아에서 보험설계사로 일하던 존 스테프(John Steffe)가 작곡했습니다. 소방대원으로 일하던 친구의 부탁을 받고 쓴 소방대원 행진곡입니다. 경쾌한 행진곡풍이라 많은 사람이 좋아하자, 다양한 가사에 이 곡조를 붙여 노래했습니다. 소방대의 행진곡이던 음악이 시간이 흐르면서 군가로, 찬송가로, 캠페인 송으로, 교가로 불리며 전 세계로 널리 퍼져나갔습니다.

우리나라에서도 예외는 아니었습니다. 찬송뿐 아니라 애국심을 불러일으키기 위해 독립군가와 조국찬가로, 캠프 주제곡으로도 사용됐습니다. 아이들이 즐겨 부르는 "복남이네 어린아이 감기 걸렸네"는 미국에서 유행했던 가사를 약간 바꾼 것입니다. 특이한 것은 가사의 내용이 어떻든지 대부분 곡의 후렴은 "영광 영광 할렐루야"로 불리는 것입니다.

"영광 영광 할렐루야"는 미국의 여류 시인 줄리아 하우(Julia Howe)가 쓴 찬송에 처음으로 나타납니다. 남북전쟁이 시작된 1861년 어느 날, 하우는 이전 교회의 담임목사인 제임스 클라크와 함께 군인들이 노래하며 행진하는 모습을 목격했습니다. 음악은 힘이 있고 경쾌했지만 가사가 끔찍했습니다. 클라크 목사는 하우 여사에게 그 음악에 알맞은 시를 써보라고 제안했습니다.

집으로 돌아온 하우 여사의 귓가에 힘찬 행진곡이 맴돌았습니다. 하우 여사는 재림하실 주님의 영광을 느끼며 잠이 들었습니다. 이른 새벽 눈을 떴는데, 누워서 동 트기를 기다리는 동안 시가 떠올랐습니다. 하우 여사는 혼잣말로 중얼거렸습니다. "이것을 잊지 않도록 빨리 적어 놓아야지."

곧 침대를 박차고 일어나 어둠 속에서 전날 사용했던 펜을 들었습니다. 그러고는 종이를 쳐다볼 겨를도 없이 쉬지 않고 시를 써내려갔습니다. 이 찬송이 바로 〈마귀들과 싸울지라〉입니다. 우리말 가사와 달리 원어 가사는 "내 눈이 주님 오시는 영광을 보았도다"(Mine eyes have been seen the glory)로 시작됩니다.[32]

내 눈이 주님 오시는 영광을 보았도다.
그가 진노의 포도주 틀 짓밟으며 오시도다.
주님께서 끔찍하고 날쌘 검 번뜩이시니
주님의 진리 행진하도다.

영광 영광 할렐루야
영광 영광 할렐루야
영광 영광 할렐루야
주님의 진리 행진하도다.

우리말 찬송 가사는 『신증 복음가』(1919)에서 가져왔는데, 일본의 미다니 다네끼지(三谷種吉) 목사가 작사한 것을 번역한 것입니다. 원래 가사는 "마귀와 싸울지라"인데 곡조에 우리말 운율을 맞추기 위해 "마귀들과 싸울지라"라고 복수로 번역되었습니다. 결국 우리말 가사는 후렴만 하우의 시에서 가져온 것입니다.

이 찬송은 우리의 적군은 마귀임을 선포하며, 성도들에게 적군을 대적하라고 명령합니다. 이 명령은 우리를 향한 하나님의 사랑입니다. 우리가 싸우는 곳은 영적 전쟁터입니다. 험한 세상 가운데 마귀는 최후의 발악을 하며, 우리를 넘어뜨리기 위해 온갖 것으로 유혹합니다. 그러나 사랑의 주님이 우리를 도우시려고 두 팔을 벌리고 계시니 두려울 것 없습니다. 악한 마귀를 대적해 담대히 싸운 자는 반드시 승리합니다. 우리는 만왕의 왕이신 주님을 믿고 날마다 외쳐야 합니다.

"영광 영광 할렐루야! 곧 승리하리라!"

아름다운 하늘과 새 593 · 통 312

작사 _ 폴리오트 피어포인트(Folliott Pierpoint, 1835-1917)
작곡 _ 콘라드 쾨헬(Conrad Köcher, 1786-1872)

· · ·

1. 아름다운 하늘과 묘한 세상 주시고
   많은 사랑 베풀어 우리 길러주시니,
   (후렴) 우리 주님 예수께 감사 찬송합니다.

2. 산과 들의 초목을 울창하게 하시고
   달과 별의 광채를 밤에 보여주시니,

3. 눈과 귀를 밝히사 맘과 뜻이 합하고
   신기하게 움직여 묘한 조화 이루니,

4. 부모자녀 애정과 형제자매 우애와
   친구들의 사랑을 나누도록 하시니,

5. 거룩한 손 가지고 봉사하는 교회가
   순결함과 사랑을 나타내게 하시니,

6. 주는 인류 위하여 십자가에 달리사
   땅에 평화 이루고 하늘 기쁨 주시니,

60 핑계하지 못할 증거

어느 늦은 봄날, 29세 청년 피어포인트는 영국 배스(Bath)의 나지막한 동산에 올라 마을을 내려다보았습니다. 자주 올라가는 산이었지만, 그날은 평소와 아주 다른 느낌이었습니다. 하나님이 지으신 세상을 바라보고 있자니, 맑은 하늘과 초록빛으로 물든 세상이 참 아름다워 샘솟는 기쁨과 감사를 주체할 수 없었습니다.

세상의 피조물들이 온갖 빛깔과 소리로 하나님을 찬양하고 있었습니다. 크고 작은 나뭇가지와 나뭇잎은 세세한 몸짓과 소리로 하나님을 노래하고, 각양각색의 들풀은 바람에 흔들려 춤을 추는 듯했습니다. 모든 자연이 얼마나 아름답고 조화롭게 움직이고 소리 내는지 하나님의 섭리를 온몸으로 느낄 수 있었습니다.

그 순간 피어포인트는 입술에서 터져 나오는 탄성을 참을 수 없었습니다. 산천초목을 바라보던 피어포인트는 하늘을 향해 소리쳤습니다.

> "나의 주인이신 하나님, 당신은 온 우주 만물을 만드신 위대한 창조주이십니다. 주님 만드신 세계 속에 주의 영광이 가득합니다. 하나님은 부모형제를 만드시고 또 저를 지으셨습니다. 그리고 행복한 가정과 교회를 허락하셨습니다."

그는 감사의 고백을 멈출 수 없었습니다. 자연을 바라보며 조용히 생각하니, 숨을 쉬고 있는 것부터 시작해 살아가는 모든 것에 감사할 뿐이었습니다. 아름답게 펼쳐진 산천을 바라보니 다윗의 고백이 떠올랐습니다. 그러자 눈앞에 펼쳐진 자연이 더욱 아름답게 다가왔습니다.

> 여호와 우리 주여 주의 이름이 온 땅에 어찌 그리 아름다운지요 주의 영광이 하늘을 덮었나이다 … 주의 손가락으로 만드신 주의

하늘과 주께서 베풀어 두신 달과 별들을 내가 보오니 사람이 무엇이기에 주께서 그를 생각하시며 인자가 무엇이기에 주께서 그를 돌보시나이까(시 8:1, 3-4).

바울의 말처럼 피어포인트는 주님의 위대하신 능력과 섬세한 손길을 느낄 수 있었습니다. "창세로부터 그의 보이지 아니하는 것들, 곧 그의 영원하신 능력과 신성이 그가 만드신 만물에 분명히 보여 알려졌나니 그러므로 그들이 핑계하지 못할지니라"(롬 1:20). 자연은 하나님이 존재하신다는 사실에 핑계를 대지 못하게 합니다. 성경의 눈으로 자연을 바라보면, 하나님이 자연을 통해 자신을 드러내심을 알 수 있습니다. 하나님은 만물을 통해 영광 받기를 원하십니다.

피어포인트는 그날 온 세상이 하나님을 찬양하는 것을 느끼며 생각나는 대로 글을 써내려갔습니다. 그것이 〈아름다운 하늘과〉입니다. 새로운 찬송가책이 만들어지기 전에는 가사가 "묘한 세상 주시고 아름다운 하늘과"였는데, 지금은 "아름다운 하늘과 묘한 세상 주시고"로 수정하여 부르고 있습니다.

아름다운 하늘과 묘한 세상 주시고
많은 사랑 베풀어 우리 길러주시니
우리 주님 예수께 감사 찬송합니다.

산과 들의 초목을 울창하게 하시고

달과 별의 광채를 밤에 보여주시니

우리 주님 예수께 감사 찬송합니다.

이 찬송은 감사로 가득 차 있습니다. 우선 아름다운 하늘과 묘한 세상을 주신 하나님, 달과 별, 산천초목을 주신 하나님을 찬양합니다. 하나님은 우리를 사랑하셔서 우주 만물을 주셨습니다. 그뿐 아니라 복을 주시며 "생육하고 번성하여 땅에 충만하라, 땅을 정복하라, … 모든 생물을 다스리라"(창 1:28)고 말씀하십니다.

골로새서 3장 16절에서 사도 바울은 성도가 맺어야 할 바른 관계를 언급하며 "피차 가르치며 권면하고 … 감사하는 마음으로 하나님을 찬양하고"라고 말합니다. 여기서 피차의 관계와 하나님과의 관계가 나오는데, 피어포인트는 찬송을 통해 피차의 관계를 주신 하나님께 감사하고 있습니다. 부모자녀와 형제자매가 서로 사랑함에 감사하며, 성도의 교제에도 감사하고 있습니다.

하나님께 감사하라는 사도 바울의 말처럼 이 찬송의 후렴은 "우리 주님 예수께 감사 찬송합니다"라고 노래합니다. 그리고 마지막 절, 하나님이 허락하신 십자가의 은혜에 감사하자는 가사로 찬송은 절정에 이릅니다.

61 추수감사절과 상관없는 찬송

에릭 라우틀리(Erik Routley)는 "교회음악은 잘 창작되고(well written), 잘 선택되고(well chosen), 잘 불려야 한다(well sung)"고 말했습니다.[33] 이 말은 정말 옳습니다. 음악의 궁극적인 목적은 하나님을 영화롭게 하는 것입니다. 교회음악이 만들어지고 선곡되고 연주되는 과정은 어떤 음악의 그 과정보다 훨씬 중요합니다.

아무리 작사와 작곡이 잘 되었더라도 선곡이 잘못되면 웃음거리가 될 수 있습니다. 예를 들어, 장례식에서 결혼식 축가를 부른다고 상상해 보세요. 추수감사절 예배에서 선교 찬송을 부른다면 올바른 선곡일까요? 그런데 이런 잘못이 교회에서 자주 일어납니다.

추수감사절에 많이 부르는 찬송이 있습니다. 바로 〈넓은 들에 익은 곡식〉입니다. 언젠가 추수감사절을 지낸 후 몇몇 사람에게 주일예배에 어떤 찬송을 불렀느냐고 물었습니다. 여러 사람이 이 찬송을 불렀다고 대답했습니다. 이렇듯 추수감사절마다 많은 한국 교회들이 이 찬송을 부릅니다.

그런데 가사의 의미를 되새겨보면 〈넓은 들에 익은 곡식〉은 감사절 찬송이 아닙니다. 넓은 들에 익은 곡식을 거둬들이자는 농부가는 더더욱 아닙니다. 이 찬송은 영혼 구원의 의지를 다지는 '결단의 찬송'입니다. 옆집, 앞집, 우리 집, 건넛집, 여기저기 흩어져 죽어가는 영혼을 하나님께로 인도하자는, 전도와 선교를 독려하는 찬송입니다.

좀더 자세히 살펴보면, 가사의 내용은 풍성한 오곡백과에 대해 감사하는 것 같지만 사실 영혼 추수에 관한 것입니다. 후렴구 "무르익은 저 곡식은 낫을 기다리는데 때가 지나가기 전에 어서 추수합시다"는 곡물을 추수하자는 것이 아니라, 믿지 않는 자들을 하나님께로 인도하자는 영혼전도의 내용을 담고 있습니다. 이 찬송은 감사절에 부르는 노래가 아니라 영혼 구원의 열정이 담긴 노래입니다.

그러니 지금부터라도 추수감사절에 아무 생각 없이 이 찬송을 선택하지 말아야 합니다. 물론 전도와 선교는 추수감사절에도 쉬어서는 안 되는 지상명령이지만, 우리는 찬송의 주제를 알고 불러야 합니다. 찬송을 의미도 모른 채 부르는 것은 기도를 중언부언하는 것과 다름없습니다.

이 찬송은 마태복음 9장 37-38절의 "추수할 것은 많되 일꾼이 적으니 그러므로 추수하는 주인에게 청하여 일꾼들을 보내 주소서 하라"는 말씀에 근거하고 있습니다. 이른 아침 추수하러 나가는 일꾼들의 모습을 통해 우리에게 전도의 사명을 일깨우고 있습니다.

온 사방에 들판이 충만해 있네.
Far and near the fields are teeming

누런 곡식 물결로
With the waves of ripened grain;

온 사방에서 황금 곡식이 빛나네.
Far and near their gold is gleaming

햇볕이 내리쬐는 비탈과 평야에서.
O'er the sunny slope and plain.

거두시는 주여, 추수꾼들을 보내주소서!
Lord of harvest, send forth reapers!

주여, 당신께 부르짖는 소리를 들으소서.
Hear us, Lord, to Thee we cry;

단을 거두어들일 그들을 지금 보내주소서.
Send them now the sheaves to gather

추수 때가 지나기 전에. (찬송 원문)
Ere the harvest time pass by.

이 찬송을 작사한 미국의 제임스 톰슨(James Thompson)은 1834년 메인 왈도에서 태어났습니다. 톰슨은 남북전쟁 중에 메인에서 군목으로 복무하다 전역한 후, 1866년에 감독감리교회 메인연회 소속 목사가 되었습니다. 후에 뉴잉글랜드 남부연회 소속 목사로 있다가 1886년에 은퇴하고, 일간지 〈더 마운틴 에코〉(The Mountain Echo)를 편집하기도 했습니다. 톰슨은 일생 동안 목회와 글 쓰는 일로 주님을 섬겼습니다.

톰슨은 웨스트버지니아 찰스톤으로 이사하여 농림부 장관을 지내기도 했습니다. 자연과 더불어 살아온 톰슨 목사는, 1905년 70세가 넘어 다시 플로리다 세인트 피터스버그에 있는 퍼스트애비뉴감리교회로 돌아와 목회를 하다가 일생을 마쳤습니다.[34] 그는 83세에 죽음을 맞이할 때까지 〈넓은 들에 익은 곡식〉의 가사처럼 복음을 전하는 목회자로서 열정을 다해 일했습니다.

62 하나님의 영광

예상치 못한 큰 소리로 잠든 청중을 깜짝 놀라게 하는 〈놀람 교향곡〉이 있습니다. 그 곡을 작곡한 하이든에게는 동생이 있었습니다. 형처럼 유명하지는 않았지만, 동생 미카엘 하이든(Johann Michael Haydn)도 작곡가였습니다.

마차바퀴 제작공이던 아버지는 어린 아들들에게 악보 읽기와 성악을 가르쳤습니다. 울림이 좋은 목소리를 가진 형 요제프 하이든은 여덟 살 때 빈에 있는 슈테판 대성당의 소년 합창단에 뽑혔습니다. 그리고 동생 미카엘 하이든도 형을 따라 단원이 되었습니다. 그렇게 형제는 전문적으로 음악을 시작했고, 훗날 위대한 작품을 여러 곡 남겼습니다.

동생 미카엘 하이든이 오스트리아에서 한창 작품활동을 하고 있을 때, 저 멀리 인도에서는 로버트 그랜트(Robert Grant)라는 영국인 남자아이가 태어났습니다. 영국이 설립한 동인도회사 회장의 아들로 태어난 그랜트는 나중에 사회적으로 높은 지위까지 오릅니다.

그랜트는 동인도회사의 임원직을 맡게 되고, 나아가 인도 봄베이(지금의 뭄바이)의 총독이 되었습니다. 그랜트는 인도사람들의 열악한 생활환경을 개선하기 위해 온갖 노력을 기울였습니다. 그랜트의 수고를 고맙게 생각한 인도인들이 인도 명문 의과대학의 이름을 '그랜트 의과대학'으로 지을 만큼, 그랜트는 인도인을 위해 최선을 다했습니다.

그랜트는 돈과 권력을 모두 가진 사람이었지만, 예수 그리스도가 가장 가치 있다는 것을 잘 알고 있었습니다. 그는 인도를 자주 드나들면서 자신의 재산과 권력을 인도 선교에 사용했습니다. 그리고 선교사들도 도왔습니다.

그랜트는 시를 매우 잘 썼는데, 선교사들이 인도인들과 함께 부를 수 있는 여러 편의 찬송을 지어 선교에 도움을 주었습니다. 그랜트의 찬송시들은 걸맞는 음악이 없어, 세월이 지나자 사람들에게서 금방 잊혔습니다. 그러나 그가 지은 단 하나의 찬송만은 지금까지 전 세계에서 불리고 있습니다. 바로 찬송가 〈영광의 왕께 다 경배하며〉입니다. 시편 104편을 바탕으로 지은 이 찬송은 미카엘 하이든의 음악을 만나 세계에 널리 퍼졌습니다.

영광의 왕께 다 경배하며
그 크신 사랑 늘 찬송하라.
예부터 영원히 참 방패시니
그 영광의 주를 다 찬송하라.

그리스도인은 하나님의 영광에 대해 자주 이야기합니다. 성경을 통틀어 하나님 자신이 영광을 받으시고자 하는 열심보다 더 깊고 넓게 퍼져 있는 주제는 없습니다.[35] 다음 몇몇의 말씀만 보고도 잘 알 수 있습니다.

"내 이름으로 불려지는 모든 자 곧 내가 내 영광을 위하여 창조한 자를 오게 하라 그를 내가 지었고 그를 내가 만들었느니라"(사 43:7)

"너희 빛이 사람 앞에 비치게 하여 그들로 너희 착한 행실을 보고 하늘에 계신 너희 아버지께 영광을 돌리게 하라"(마 5:16)

"이는 만물이 주에게서 나오고 주로 말미암고 주에게로 돌아감이라 그에게 영광이 세세에 있을지어다 아멘"(롬 11:36)

"그 기쁘신 뜻대로 우리를 예정하사 예수 그리스도로 말미암아

자기의 아들들이 되게 하셨으니 이는 그가 사랑하시는 자 안에서
우리에게 거저 주시는 바 그의 은혜의 영광을 찬송하게 하려는
것이라"(엡 1:5-6)

하나님의 영광이란 하나님의 무한한 가치의 표출입니다. 예를
들어, 하나님의 무한한 가치가 하늘을 통해 표출될 때, 하늘은 하
나님의 영광을 드러내는 것입니다. "하늘이 하나님의 영광을 선포
하고 궁창이 그의 손으로 하신 일을 나타내는도다"(시 19:1). 이것
을 사람에게 적용하면, 사람이 그 무엇보다 하나님을 가장 가치
있게 여길 때, 하나님의 영광을 가장 밝게 드러내는 것입니다.[36]

어떤 사람들은 영광을 돌리라고 요구하는 하나님이 너무 이기
적이라고 비판합니다. 그러나 모든 것들 가운데 최고의 결정체이
신 하나님이 자신을 보고 감탄하라고 명령하는 것은 결코 이기적
인 행위가 아닙니다. 그것은 사랑의 행위입니다. 온 우주 만물 가
운데 가장 좋은 그것, 바로 하나님 자체를 우리가 만끽하도록 내
어주는 것보다 더 큰 사랑은 없습니다.

평안하든지 괴롭든지 지금 상황이 어떻든지 하나님의 무한한
가치, 모든 아름다움, 표현할 수 없는 광채, 측량할 수 없고 이해
할 수 없는 광대하심에 흠뻑 빠져 만족하십시오! 이것이 하나님
의 영광을 가장 밝게 비추는 방법입니다.

작사_워렌 도널드 코넬(Warren Donald Cornell, 1858-?)
작곡_윌리엄 거스틴 쿠퍼(William Gustin Cowper, 1861-c.1939)

· · ·

1. 내 영혼의 그윽히 깊은 데서 맑은 가락이 울려 나네.
   하늘 곡조가 언제나 흘러나와 내 영혼을 고이 싸네.
   (후렴) 평화 평화로다 하늘 위에서 내려오네.
   그 사랑의 물결이 영원토록 내 영혼을 덮으소서.

2. 내 맘속에 솟아난 이 평화는 깊이 묻히인 보배로다.
   나의 보화를 캐내어 가져갈 자 그 아무도 없으리라.

3. 내 영혼에 평화가 넘쳐남은 주의 큰 복을 받음이라.
   내가 주야로 주님과 함께 있어 내 영혼이 편히 쉬네.

4. 이 땅 위의 험한 길 가는 동안 참된 평화가 어디 있나.
   우리 모두 다 예수를 친구 삼아 참 평화를 누리겠네.

63 바닥에 떨어진 메모지

하나님의 섭리는 참으로 오묘하고 놀랍습니다. 들에 핀 꽃 한 송이도 하나님의 섭리 가운데 피었고, 우리 인생 가운데 일어나는 모든 일도 하나님의 손길이 다스리고 있습니다. 하나님은 모든 피조물을 통해 영광받기 위해 우주 만물을 주관하십니다. 때때로 우리는 주님이 행하신 일을 보며 주님의 섬세한 간섭하심에 감탄합니다.

한 사람이 자신의 시를 적어놓은 쪽지를 잃어버렸습니다. 그런데 다른 사람이 땅에 떨어진 그 종이쪽지를 주워서 보고는 감탄하여 그 시에 곡을 붙였습니다. 나중에 알고 보니 두 사람은 서로 잘 아는 사이였는데, 하나님은 재미있게도 그 두 사람을 사용하셔서 생각지도 않은 찬송을 만들게 하셨습니다.

1889년 어느 날, 미국의 워렌 코넬(Warren Cornell)은 위스콘신의 감리교 천막 집회에 참석하고 있었습니다. 그날 따라 지쳐있던 코넬은, 말씀을 묵상하다 자신이 힘겹게 지고 있던 짐을 모두 주님께 내려놓았습니다. 그때 이루 말할 수 없는 평안이 찾아왔습니다. 코넬은 진정한 평화는 어디서 오는지 깊이 생각해 보았습니다. 그러다 진정한 평화는 세상으로부터 오는 것이 아니라 하나님이 자기 안에 계실 때 임한다는 것을 깨달았습니다. 평안은 자기가 이룰 수 있는 것이 아니라 눈을 들어 하늘을 볼 때 위로부터 내린다는 것을 알게 된 것입니다.

코넬은 천막 안에서 메모지를 꺼내 평화를 간구하는 그의 마음을 차분히 써내려갔습니다. 그러고는 완성된 시가 적힌 종이를 바지 주머니에 넣었습니다. 그런데 천막 밖으로 나오면서 자기도 모르게 메모지를 떨어뜨리고 말았습니다.

잠시 후, 음악가인 윌리엄 쿠퍼(William Cowper)가 천막 안으로 들어가다 깨알 같은 글씨가 적혀 있는 종이를 주웠습니다. 한 편의 시였습니다. 그 시가 얼마나 아름답던지 쿠퍼는 쉬지 않고 시를 읊조렸습니다. 누군가 좋은 시를 베껴 놓은 것 같다는 생각도 들었지만, 쿠퍼는 그것을 주님이 주신 선물이라고 생각했습니다. 마음이 곤고했던 쿠퍼는 하나님께 평안을 달라고 조르고 있었는데, 때마침 평화의 시를 천막 입구에서 발견했기 때문입니다.

쿠퍼는 당장 곡을 써야 할 것 같은 마음이 들었습니다. 그래서 그 시를 들고 바로 오르간 앞으로 갔습니다. 쿠퍼는 오르간 건반을 누르면서 노랫말 하나하나에 음표를 입히기 시작했습니다. 그는 가사에 따라 하나님이 주신 평안을 생각하며 곡을 써내려갔습니다. 얼마나 간절히 평화를 원했던지, 16마디의 멜로디를 그 자리에서 단숨에 완성했습니다. 쿠퍼가 읊조린 가사와 음악은 감미로웠습니다. '평화 평화 놀라운 평화, 하늘 아버지로부터 내려오네'라는 시가 음악의 옷을 입는 순간이었습니다. 그렇게 아름다운 곡조로 옷 입은 시가 〈내 영혼의 그윽히 깊은 데서〉입니다.

내 영혼을 고이 싸네.

평화 평화로다.
하늘 위에서 내려오네.
그 사랑의 물결이 영원토록
내 영혼을 덮으소서.

이 찬송을 부르다 보면, 평화는 우리가 만들 수 있는 것이 아니라 주님께서 내리시는 비와 햇빛처럼 하늘로부터 내려온다는 것을 깨닫습니다. 가사처럼 예수님과 함께 있을 때 하늘의 평화가 우리 안에 흘러넘칩니다.

이 찬송은 코넬과 쿠퍼가 마치 약속한 것처럼 한 장소에서 순간적인 감동을 받아 기적같이 태어난 작품입니다. 이 찬송은 모든 것을 다스리시는 하나님의 섬세한 손길로 만들어졌습니다. 우리에게 찬송을 통해 평화라는 선물을 주시기 위해서 말입니다.

"아무것도 염려하지 말고, 모든 일을 오직 기도와 간구로 하고, 여러분이 바라는 것을 감사하는 마음으로 하나님께 아뢰십시오. 그리하면 사람의 헤아림을 뛰어넘는 하나님의 평화가 여러분의 마음과 생각을 그리스도 예수 안에서 지켜 줄 것입니다"(빌 4:6-7, 표준새번역).

64 솔리 데오 글로리아!

수많은 기념일 가운데 최고로 기쁜 날은 크리스마스입니다. 세상이 절대로 줄 수 없는 진정한 기쁨을 주기 위해, 하나님이 직접 사람의 몸을 입고 인류 역사에 들어오신 날이기 때문입니다. 이날은 영원히 지옥에 있어야 마땅한 죄인들을 구원하기 위해, 예수님이 이스라엘의 작은 마을에서 태어나신 날입니다.

천사들은 기쁨에 넘쳐서 "보라 내가 온 백성에게 미칠 큰 기쁨의 좋은 소식을 너희에게 전하노라"(눅 2:10)라고 선포합니다. 예수님의 탄생이 주는 가장 귀한 선물은 기쁨입니다. 죄로 물든 세상에서 살아가는 우리는 늘 근심과 걱정, 괴로움을 마주합니다. 이렇게 기쁨에 메말라 있는 우리에게 참된 기쁨이자 소망이신 예수님이 찾아오셨습니다.

아기 예수님의 나심을 제일 먼저 알아차린 동방박사들은 기쁨을 감추지 못했습니다. 그들은 별을 보고 가장 크게 기뻐했습니다(마 2:10). 동방박사들은 아직 아기 예수님을 보지 못했지만, 별만 보고도 기쁨이 가득했습니다. 땅의 박사들은 아기 예수님의 탄생에 기쁨이 넘쳤고, 하늘의 천사들도 기쁨이 넘쳤다고 성경은 말합니다.

크리스마스 캐럴 중에는 구전되어 내려오는 것이 많은데, 그 노래들은 하나같이 기쁨을 전합니다. 〈천사들의 노래가〉는 프랑스에서 아주 옛날부터 불리던 캐럴입니다. 그래서 누가 지었는지는 알 수 없습니다. 예수님 탄생의 기쁨을 노래한 이 찬송은 영어로 번역되었고, 다시 우리말로 옮겨졌습니다.

천사들의 노래가 하늘에서 들리니,
산과 들이 기뻐서 메아리쳐 울린다.

영광을 높이 계신 주께,
영광을 높이 계신 주님께.

"영광을 높이 계신 주님께"라는 구절이 노래의 핵심입니다. "영광을" 부분에서 '영'이라는 음절에 무려 16개의 음표가 순차적으로 오르락내리락 움직입니다. 후렴 중 세 마디 반을 "여~"로 노래하다가, 후렴의 네 마디째에서 "영광"이라는 낱말이 완성됩니다.

후렴구가 무척 아름답기 때문에 이것만 떼어서 독립적으로 찬양하는 경우도 있습니다. 라틴어 후렴은 'Gloria(글로리아/영광) in excelsis(인 엑스첼시스/높은 곳에는) Deo(데오/하나님께)'입니다.

> 지극히 높은 곳에서는 하나님께 영광!
> Gloria, in excelsis Deo!
> 지극히 높은 곳에서는 하나님께 영광!
> Gloria, in excelsis Deo!

영광송은 크게 대영광송과 소영광송으로 나뉩니다. 대영광송은 예수님이 탄생하시던 날 밤 천사들이 노래한 누가복음 2장 14절 "지극히 높은 곳에서는 하나님께 영광이요 땅에서는 하나님이 기뻐하신 사람들 중에 평화로다"(Gloria in excelsis Deo, et in terra pax hominibus)로 시작됩니다. 이어서 성부 하나님에 대한 찬양과 성자 예수님에 대한 찬양과 간구로 이어지며, 죄를 사해 주신 하나님의 은혜에 감사하며 마무리 되는 찬송입니다. 대영광송은 예배의식을 중시하는 교회에서 주로 사용합니다.

소영광송은 영광송, 삼위영가 또는 송영이라고 부릅니다. 이것은 사실 역사와 더불어 가장 오랫동안 불린 노래입니다. 송영은 2세기경부터 불리기 시작해 4세기 아리우스 이단파와 논쟁 후에 가사가 확정되었습니다. "성부와 성자와 성령께 영광 돌리세. 태초로부터 지금까지 또 영원토록. 아멘."[37] 원래 송영은 삼위일체 하나님을 강조하기 위해 모든 찬송 끝에 이어서 불렸습니다. 이 것은 대영광송과 마찬가지로 삼위일체인 성부와 성자 그리고 성령이신 하나님께 감사와 영광을 돌리는 찬송입니다.

〈천사들의 노래가〉의 후렴에서 보여주듯이 "지극히 높은 곳에서는 하나님께 영광이요 땅에서는 하나님이 기뻐하신 사람들 중에 평화로다"라는 말씀은 성탄절뿐 아니라 평소에도 그리스도인들이 어떻게 살아야 하는지를 분명히 말해 줍니다. 우리는 언제나 하나님께 영광을 돌리며 언제나 주님이 주시는 평화를 누려야 합니다.

오직 하나님의 영광을 위하여!(Soli Deo Gloria!)

65 헐리우드의 작곡가

옛날 영화에는 소리가 없었습니다. 영상에 소리를 입히는 기술이 없었기 때문에 1920년대 후반까지 모든 영화는 무성 영화(silent film)였습니다. 그래서 그 당시 영화관에는 실시간으로 영화 장면에 맞추어 악기를 연주하는 사람이 있었습니다.

미국인 앨버트 맬롯(Albert Malotte)이 바로 그런 일을 하던 사람이었습니다. 젊은 맬롯은 시카고의 한 극장에서 무성 영화에 맞추어 오르간을 연주하는 아르바이트를 하고 있었습니다.

맬롯이 실시간 영화음악 연주자로 일하면서 느낀 것은, 음악이 영상의 현실감을 수백 배나 증강시켜준다는 것이었습니다. 맬롯은 그런 영화음악을 직접 작곡해 보고 싶었습니다. 그리고 마침

내 그는 작곡을 배우러 프랑스 파리로 떠났습니다.

유학을 마치고 고향에 돌아온 맬롯은 작곡가로서 경험을 쌓아 갔습니다. 그러던 어느 날, 맬롯에게 초대형 프로젝트가 맡겨졌습니다. 유명한 디즈니 만화영화 〈미운 오리새끼〉(1939)의 영화음악을 작곡하게 된 것입니다. 8분 59초짜리 짧은 애니메이션이 었지만, 이 영화는 아카데미상을 받을 정도로 많은 찬사를 받았습니다. 그때부터 맬롯은 헐리우드에서 영화음악 작곡가로 활동하기 시작했습니다. 동시에 셔먼음악학교(Sherman School of Music)에서 학생들을 가르쳤습니다.

음악을 만드는 맬롯에게는 커다란 꿈이 있었는데, 하나님을 찬양하는 명작을 만드는 것이었습니다. 맬롯은 40세에 그 꿈을 이루었습니다. 1935년에 〈하늘에 계신〉(주기도문)을 작곡한 것입니다. 맬롯의 대표작으로 알려진 이 노래는 바리톤 존 토마스(John Thomas)의 목소리로 녹음해 발표되었습니다. 예수님이 가르쳐주신 기도를 역동적인 음악으로 표현한 이 곡은 삽시간에 미국 전역으로 퍼져, 예배는 물론이고 연주회와 결혼식에서도 많이 불렸습니다.

예수님은 기도에 관해 이렇게 말씀하셨습니다.

너는 기도할 때에 네 골방에 들어가 문을 닫고 은밀한 중에 계신 네 아버지께 기도하라 … 또 기도할 때에 이방인과 같이 중언부언하지 말라 저희는 말을 많이 하여야 들으실 줄 생각 하느니라 (마 6:6-7)

예수님은 이어서 제자들에게 올바른 기도를 가르쳐주셨습니다. 우리는 주기도문을 외우고 있지만, 이것을 그저 행운의 주문 정도로 여길 때가 많습니다. 주기도문은 하나님이신 예수님께서 직접 알려주신 기도의 정석입니다. 이것을 통해 우리는 하나님의 마음을 배울 수 있습니다.

"하늘에 계신 우리 아버지여 이름이 거룩히 여김을 받으시오며"는 기도의 대상이 하늘에 계시다는 것을 알려줍니다. 하나님은 우리와 동급이 아닙니다. 그분은 우리보다 무한히 높은 곳에 계신 구별된 분입니다. 동시에 은혜로운 하나님은 우리의 아버지가 되어주십니다. 주기도문의 첫 번째 간구는 아버지의 이름이 거룩하게 여겨지는 것, 즉 하나님께서 영광을 받으시는 것입니다. 하나님의 영광은 모든 것의 최종 목적입니다.

"나라가 임하시오며 뜻이 하늘에서 이루어진 것 같이 땅에서도 이루어지이다"는 아버지의 나라가 임하고 아버지의 뜻이 이루어지기를 간구하라는 것입니다. 우리는 짧은 인생 동안 우리의 뜻을 이루려고 기도할 때가 많습니다. 기도는 우리의 뜻을 하늘에서 이루는 것이 아니라 하늘의 뜻이 우리에게서 이루어지도록 구하는 것입니다.

"오늘 우리에게 일용할 양식을 주시옵고"는 생존을 위한 기본적인 양식을 구할 것을 가르칩니다. 우리가 생존해야 할 이유는 하나밖에 없습니다. 하나님의 영광을 드러내기 위함입니다. 필요 이상의 양식을 구하는 것은 우리의 목적이 하나님의 영광이 아니라는 것을 보여줍니다.

"우리가 우리에게 죄 지은 자를 사하여 준 것같이 우리 죄를 사하여 주시옵고"는 하나님께 죄의 용서를 구할 것을 가르칩니다. 우리는 무한히 높으신 하나님께 반역했습니다. 그래서 영원히 처벌받아 마땅합니다. 그런데 하나님은 예수님을 통해 우리를 용서하기로 정하셨습니다.

"우리를 시험에 들게 하지 마시옵고 다만 악에서 구하시옵소서"는 영적인 승리를 구하는 기도입니다. 그리스도인은 죄를 용서받았습니다. 그럼에도 예수님이 광야에서 사탄의 시험을 받으셨듯이 여전히 죄의 유혹을 받습니다. 그럴 때 우리는 하나님께 도움을 요청해야 합니다.

"나라와 권세와 영광이 아버지께 영원히 있사옵나이다 아멘"은 우리가 기도할 때 하나님께 영광이 영원히 있음을 인정하라고 가르칩니다. 주기도문은 하나님의 이름이 거룩히 여김을 받으시라는 간구로 시작해, 하나님의 영원하신 영광을 인정함으로 끝을 맺습니다. 우리가 일용할 양식과 용서, 하나님의 나라와 뜻, 시험과 악에서 건져짐을 간구하는 최종 목적은, 하나님께 영광을 돌리는 것입니다. 마지막으로 '아멘'은 하나님께 최고의 신뢰를 표현하는 헬라어입니다.

헐리우드의 유명 작곡가 앨버트 맬롯, 그의 꿈은 하나님을 찬양하는 명작을 만드는 것이었습니다. 마침내 그는 하늘나라가 열리듯 환상적인 음악을 주기도문에 입혀 꿈을 이루었습니다.

주

1) 샘 스톰즈, 『나의 행복 하나님의 기쁨』, 윤종석 역(서울: 가이드포스트, 2002), p.67.

2) [온라인 자료], http://www.desiringgod.org/articles/christian-hedonism, 2014년 1월 25일 접속.

3) Wesley L. Forbis, ed. *Handbook to The Baptist Hymnal* (Nashville, Tennessee: Convention Press, 1992), 269.

4) Milton W. Loyer, James M. *Black and Friends: Contributions of Williamsport PA to American Gospel Music* (2004), 3.

5) Ira David Sankey, *My Life and the Story of the Gospel Hymns* (Harper & Brothers, 1906), 302-303.

6) [온라인 자료], Charles Wesley's Radical, Fruitful Risk, http://www.desiringgod.org/articles/charles-wesley-s-radical-fruitful-risk, 2014년 1월 26일 접속.

7) 마크 드리스콜, 게리 브레셔스, 『예수 그리스도』, 소을순 역(서울: 부흥과개혁사, 2012), pp.19-28.

8) 같은 책, pp.43-45.

9) 같은 책, p.165.

10) Robert J. Morgan, *Then Sings my Soul* (Nashville, Tennessee: Thomas Nelson, 2003), 5.

11) [온라인 자료], http://www.desiringgod.org/interviews/is-it-okay-for-christians-to-enjoy-art-produced-by-unbelievers, 2014년 1월 25일 접속.

12) William J. Petersen & Ardythe Petersen, *The Complete Book of Hymns* (Carol Stream: Tyndale House Publishers, 2004), 399.

13)   Wesley L. Forbis, ed. *Handbook to The Baptist Hymnal*, 164.

14)   Geroge W. Sanville의 *Forty Gospel Hymn Stories* (1898)에 찬송 〈죄짐을 지고서 곤하거든〉을 지은 배경이 실려 있다.

15)   오소운, "성탄찬송으로 아리랑을 부른 윤성범 박사" [온라인 자료], http://blog.daum.net/geun1634/173, 2014년 2월 25일 접속.

16)   *The Presbyterian Hymnal* (Louisville, Kentucky: Westminster John Knox, 1990), 346장. *Psalter Hymnal* (Grand Rapids, MI: CRC Publications, 1987), 229장.

17)   [온라인 자료], http://marshill.com/media/luke/the-parable-of-the-wedding-feast, 2014년 2월 5일 접속.

18)   Wesley L. Forbis, ed. *Handbook to The Baptist Hymnal*, 116.

19)   Robert J. Morgan, *Then Sings my Soul*, 27.

20)   릭 워렌, 『목적이 이끄는 삶』, 고성삼 역(서울: 디모데, 2003), p.237.

21)   Robert J. Morgan, *Then Sings my Soul*, 191.

22)   [온라인 자료], http://www.challies.com/articles/hymn-stories-take-my-life-and-let-it-be, 2014년 2월 7일 접속.

23)   샘 스톰스, 『나의 행복 하나님의 기쁨』, p.75.

24)   우리 찬송가책에 있는 휴윗이 지은 찬송으로는 〈주 안에 있는 나에게〉(새 370)를 비롯하여 〈하나님이 말씀하시기를〉(새 217), 〈내 임금 예수 내 주여〉(새 313), 〈내 영혼에 햇빛 비치니〉(새 428), 〈예수 더 알기 원하네〉(새 453), 〈너 예수께 조용히 나가〉(새 539)가 있다.

25)   Robert J. Morgan, *Then Sings my Soul Book 2* (Nashville, Tennessee: Thomas Nelson, 2004), 177에서 재인용.

26)   크로스비의 찬송 21곡이 한국 찬송가책에 수록되어 있다. 수록된 곡으로는 〈찬양하라 복되신 구세주 예수〉 〈찬송으로 보답할 수 없는〉 〈주 어느 때 다시 오실는지〉 〈주가 맡긴 모든 역사〉 〈너희 죄 흉악하나〉 〈인애하신 구세주여〉 〈예수를 나의 구주 삼고〉 〈기도하는 이 시간〉 〈나의

생명 되신 주〉〈나의 갈길 다가도록〉〈오 놀라운 구세주〉〈주 예수 넓은 품에〉〈나의 영원하신 기업〉〈십자가로 가까이〉〈은혜 구한 내게 은혜의 주님〉〈저 죽어가는 자〉〈자비한 주께서 부르시네〉〈주께로 한 걸음씩〉〈주의 음성을 내가 들으니〉〈후일에 생명 그칠 때〉〈그 크신 일을 행하신〉이 있다.

27) [온라인 자료], http://www.hymnary.org/person/Thompson_Will, 2014년 4월 1일 접속.

28) [온라인 자료], http://www.desiringgod.org/blog/posts/letter-to-a-12-year-old-girl-about-the-eternal-destiny-of-those-who-have-not-heard-the-gospel, 2013년 11월 4일 접속.

29) 김인환, 『처음 만나는 예수님』 (서울: 도마의 길, 2008).

30) 정두영, 『사랑은 오래 참고』 (서울: 예솔, 2007), pp.106-107.

31) 오소운, 『21세기찬송가 연구』 (서울: 성서원, 2011), p.283.

32) [온라인 자료], Battle Hymn of the Republic, http://www.cyber-hymnal.org/htm/b/h/bhymnotr.htm, 2014년 1월 26일 접속.

33) Erik Routley, *Hymns and Human Life* (London: John Murray, 1952), 299.

34) 오소운, 『21세기찬송가 연구』, pp.991-992.

35) 시 22:22-23; 사 24:14-16; 25:3; 43:7; 60:21; 61:31; 66:19; 단 5:22-23; 마 5:16; 눅 2:14; 요 15:8; 롬 11:36; 15:5-6; 16:27; 고전 6:19-20; 10:31; 갈 1:5; 엡 1:5-6; 3:21; 빌 1:10-11; 4:20; 살후 1:9-12; 딤후 4:18; 히 13:21; 벧전 2:12; 벧후 3:18; 유 1:25; 계 11:13; 14:6-7; 16:9.

36) [온라인 자료], http://www.desiringgod.org/resource-library/ask-pastor-john/what-is-gods-glory, 2013년 11월 28일 접속.

37) 조숙자, 『한국 개신교 찬송가 연구』 (서울: 장로회신학대학교 출판부, 2003), p.157.

김남수.『예배와 음악』. 대전: 침례신학대학교 출판부, 2013.

______.『찬송 데스칸트』. 서울: 미완성출판사, 2013.

______.『숨겨진 찬송이야기』. 서울: 아가페북스, 2012.

______.『찬송의 이해』. 대전: 침례신학대학교 출판부, 2011.

______.『하나님이 찾으시는 찬양』. 서울: 예솔출판사, 2010.

김명엽.『김명엽의 찬송교실』. 서울: 예솔출판사, 2010.

로빈 리버, 조이스 짐머맨.『예배와 음악』. 허정갑, 김혜옥 역. 서울: 연세대학교 출판부, 2009.

릭 워렌.『목적이 이끄는 삶』. 고성삼 역. 서울: 도서출판 디모데, 2003.

마크 드리스콜, 게리 브레셔스.『예수 그리스도』. 소을순 역. 서울: 부흥과 개혁사, 2012.

문성모.『작곡가 박재훈 목사 이야기』. 서울: 홍성사, 2013.

______.『우리가락 찬송가와 시편교독송』. 서울: 가문비, 2011.

문옥배.『한국찬송가 100년사』. 서울: 예솔, 2002.

샘 스톰스.『나의 행복 하나님의 기쁨』. 윤종석 역. 서울: 가이드포스트, 2002.

오소운.『21찬송가 연구』. 서울: 성서원, 2011.

이문승. "한국찬송가의 선율형 연구: 가사와 음악과의 관계를 중심으로."『한국기독교학회 정기학술대회 자료집(하)』, 37차 (2008): 609-10.

이상일. "21세기 한국 문화와 회중찬송."『장신논단』, 37집 (2010): 190-218.

이중태.『은혜로운 찬송설교』. 서울: 예찬사, 2001.

장인식.『영시로 읽어 보는 찬송가 이야기』. 서울: 도서출판 신성, 2006.

정두영.『사랑은 오래참고』. 서울: 예솔, 2007.

조숙자.『한국 개신교 찬송가 연구』. 서울: 장로회신학대학 출판부, 2003.

존 파이퍼.『하나님을 기뻐하라』. 박대영 역. 서울: 생명의 말씀사, 2009.

한국찬송가공회.『21세기찬송가』. 서울: 아가페, 2012.

홍정수.『교회음악 예배음악 신자들의 찬양』. 서울: 장로회신학대학교 출판부, 2002.

Best, Harold M. *Music through the Eyes of Faith*. NY: Harper Collins Publishers, 1993.

Bonner, Clint. *A Hymn Is Born*. Nashville, Tennessee: Broadman Press, 1959.

Eskew, Harry & McElrath, Hugh T. *Sing with Understanding*. Nashville, Tennessee: Broadman Press, 1980.

Forbis, Wesley L. ed. *Handbook to The Baptist Hymnal*. Nashville, Tennessee: Convention Press, 1992.

Grindal, Gracia. *Lessons in Hymnwriting*. Boston: The Hymn Society in the United States and Canada, 2000.

Hooper, William L. *Ministry & Musician*. Nashville, Tennessee: Broadman Press, 1986.

Hustad, Donald P. *Jubilate II: Church Music in Worship and Renewal*. Illinois: Hope Publishing Company, 1993.

Keiser, Marilyn J. *Hymnal Studies Three: Teaching Music in the Small Churches*. NY: The Church Hymnal Corporation, 1983.

Lewis, C. S. *Christian Reflections*. Grand Rapids, Michigan: William B. Publishing, 1992.

Liesch, Barry. *The New Worship*. Grand Rapids, Michigan: Baker Books, 2001.

Lovelace, Austin C. & Rice, William C. *Music and Worship in the Church*. Nashville, Tennessee: Abingdon Press, 1990.

Mitchell, Robert H. *Ministry and Music*. Philadelphia: The Westminster Press, 1987.

Morgan, Robert J. *Then Sings my Soul*. Nashville, Tennessee: Thomas Nelson, 2003.

Music, David W. *Hymnology: A Collection of Source Reading*. Maryland: Scarecrow Press, 1996.

Music, David W. & Price, Milburn. *A Survey of Christian Hymnody*. Illinois: Hope Publishing Company, 1999.

Osbeck, Kenneth W. *101 Hymn Stories*. Grand Rapids, MI: Kregel Publications, 2012.

Pass, Davis B. *Music and the Church*. Nashville, Tennessee: Broadman Press, 1989.

Petersen, William J. & Petersen, Ardythe. *The Complete Book of Hymns*. Carol Stream: Tyndale House Publishers, 2004.

Reynolds, William J. *Hymnology Supplement*. Texas: Southwestern Baptist Theological Seminary, 1993.

______. *Congregational Singing*. Nashville, Tennessee: Convention Press, 1975.

Routley, Erik. *Church Music and the Christian Faith*. Illinois: Agape, 1978.

Schilling, S. Paul. *The Faith We Sing*. Philadelphia: The Westminster Press, 1983.

Stapert, Calvin R. *A New Song for an Old World: Musical Thought in the Early Church*. Grand Rapids, MI: William B. Eerdmans Publishing Company, 2007.

Sydnor, James Rawlings. *Hymns & Their Uses*. Illinois: Agape, 1982.

______. *Introduction A New Hymnal, How to improve Congregational Singing*. Chicago, Illinois: G.I.A. Publications Inc., 1989.

은혜의 찬송이야기

초판 1쇄 발행   2014년 08월 27일
초판 5쇄 발행   2024년 01월 19일

지은이   김남수·김동녘

펴낸이   곽성종
기획편집   방재경
디자인   투에스북디자인

펴낸곳   (주)아가페출판사
등록   제21-754호(1995. 4. 12)
주소   (08806) 서울시 관악구 남부순환로 2082-33(남현동)
전화   584-4835(본사) 522-5148(편집부)
팩스   586-3078(본사) 586-3088(편집부)
홈페이지   www.agape25.com
판권   ⓒ 김남수, 김동녘 2014
ISBN   978-89-97713-41-7 (03230)

이 도서의 국립중앙도서관 출판시도서목록(CIP)은
서지정보유통지원시스템 홈페이지(http://seoji.nl.go.kr)와
국가자료공동목록시스템(http://www.nl.go.kr/kolisnet)에서
이용하실 수 있습니다.
(CIP제어번호: CIP2014023713)

아가페 출판사